Sabine Reindl
Die Natur als Bildungs- und Lernabenteuer

Kitaleitung!

Das Berufsbild der Krippen- bzw. Kindergartenleitung verändert sich seit einigen Jahren zunehmend – von der reinen Verwaltung hin zum Organisationsmanagement. Dennoch widmet sich die Erzieher_innenausbildung, stellenweise auch der Studiengang „Kindheitspädagogik“, diesem Umbruch noch recht verhalten.
Die Reihe „Kitaleitung!“ möchte Kitaleitungen und Erzieher_innen, die diese Perspektive für sich sehen, dabei helfen, den Spagat zwischen Praxis und Wissenschaft zu schaffen. Für die Reihe schreiben primär Expert_innen, die bereits sowohl praktisch, als auch theoretisch Erfahrungen im Kita(leitungs-)Bereich gesammelt haben und es schaffen, wissenschaftliche Erkenntnisse verständlich formuliert in den Kitaalltag zu tragen. Dies können Monografien, Hand- und Lehrbücher sowie Sammelbände sein.

Sabine Reindl

Die Natur als Bildungs- und Lernabenteuer

Spielen, lachen und wachsen
im Waldkindergarten

Die Autorin

Sabine Reindl, Erzieherin, qualifizierte Leitung und Gründungsmitglied im Waldkindergartens „Die Goldbacher WurzelZWERGE“ e.V. Sie ist als freie Fachautorin, Referentin und Seminarleitung im Bereich Wald- und Naturpädagogik tätig.

Für Meima, die Farbe in meinem Leben.

Dieses Buch ist erhältlich als:
ISBN 978-3-7799-6653-1 Print
ISBN 978-3-7799-6654-8 E-Book (PDF)

1. Auflage 2022

in der Verlagsgruppe Beltz · Weinheim Basel
Werderstraße 10, 69469 Weinheim

Herstellung und Satz: Ulrike Poppel
Druck und Bindung: Beltz Grafische Betriebe, Bad Langensalza
Beltz Grafische Betriebe ist ein klimaneutrales Unternehmen (ID 15985-2104-100)
Printed in Germany

Weitere Informationen zu unseren Autor_innen und Titeln finden Sie unter: www.beltz.de

Inhalt

1 Ein grüner Faden durch das Buch

Erinnern Sie sich noch an Ihre eigene Kindheit? Gibt es ein besonderes Erlebnis, an das Sie auch heute noch gern zurückdenken?

Mit solchen und ähnlichen Fragen beginne ich häufig meine Informationsveranstaltungen und Seminare rund um das Thema „Wald- und Naturkindergärten“.

Und es ist erstaunlich, wie sich die Antworten gleichen. „Wir waren immer zum Spielen draußen!“, „Wir hatten keine Uhr, aber wenn es dunkel wurde wussten wir, jetzt ist Zeit zum nach Hause gehen.“, „Eigentlich haben wir immer ohne die Erwachsenen gespielt!“, „Wir erlebten eine Menge Abenteuer!“.

Merken Sie es schon? Die Kindheit war voller Erlebnisse in der freien Natur, voller Erfahrungen und voller Zeit. Die Kinder spielten unter sich, sie lernten voneinander und miteinander.

Eine immer schnelllebigere Zeit und eine rasante Entwicklung im Bereich der digitalen Welt haben in unserer Gesellschaft zu zahlreichen Veränderungen geführt. Digitale Endgeräte, wie Tablets oder Smartphones sind aus unserem Alltag nicht mehr wegzudenken. Und dann kam Corona! Von heute auf morgen hat sich unser Alltag verändert. Homeschooling, Homeoffice, „Click and Collect“- Lockdown um nur einige gravierende Einschnitte zu nennen. Es entstand der Eindruck, dass auf den Einsatz der modernen Technologien nicht mehr verzichtet werden kann. Sicherlich ist es richtig, dass es bei richtiger Nutzung eine große Erleichterung, gerade auch im beruflichen Bereich mit sich bringt. Jeder Einzelne von uns ist jedoch gefordert, sich zu fragen: „Was brauche ich wirklich, was ist notwendig, was tut gut und was schadet eher?“

Wir alle haben eine Verantwortung gegenüber den Kindern – werden wir dieser gerecht durch permanente Ablenkung beim Blick auf das Smartphone? Durch ständige Erreichbarkeit, durch Multitasking? Meine Erfahrung zeigt: Mit einem gut strukturierten Tag, an dem diese Technik durchaus ihre Berechtigung und ihren Platz findet, ist unsere Arbeit erfolgreicher, wir agieren effektiver und sind ausgeglichener. Und wir haben wieder Freude und Spaß am Tun. Fragen Sie sich jetzt, was dies alles mit den Kindern zu tun hat?

Von ihnen können wir Erwachsene dies alles lernen – wir brauchen sie nur beim Spielen zu beobachten. Der kleine Junge, der in der Pfütze angeln möchte, versucht ganz angestrengt die Schnur am Stock zu befestigen. Er ist ganz vertieft in seine Tätigkeit. Er beißt die Zähne zusammen, er blickt konzentriert, er versucht es immer und immer wieder, bis er endlich erfolgreich mit seiner Angel an der Pfütze steht, mit einem strahlenden Lächeln im Gesicht. Er war ganz bei der Sache, er hat sich mit allen Sinnen darauf eingelassen.

Es lohnt sich, Veränderungen zu überdenken. Es liegt an uns, wie wir mit neuen Herausforderungen umgehen. Und es ist und bleibt unsere Aufgabe als Pädagog*innen, die Kinder in den Mittelpunkt unserer Arbeit zu stellen, ihnen den Zugang zum freien Spiel zu ermöglichen. Sehen wir die Erkenntnisse der zurückliegenden Zeit als Chance! Wir sind mehr denn je gefordert, ihnen Raum und Zeit zu geben, um sich frei entfalten zu können, um zu einem selbstbewussten Menschen heranzuwachsen, der mit beiden Füßen fest im Leben und in der Natur steht und den stetig steigenden Anforderungen gewachsen ist.

Noch nie hat sich eine breite Masse der Bevölkerung so häufig und intensiv draußen bewegt, wie während der Covid-19-Pandemie. Die Menschen waren vermehrt „zu Hause“, im häuslichen Umfeld unterwegs, machten sogar Urlaub vor der Haustüre. Wandern oder Fahrradfahren erfreuen sich großer Beliebtheit. In Kindergärten und Schulen bekam das Spielen an der frischen Luft eine völlig andere Bedeutung. Wir alle haben nun die Möglichkeit, auf diese Erfahrungen aufzubauen: Bewegung an der frischen Luft, unter freiem Himmel ist gesund! Ein gesunder Geist fördert das Lernen. Ein Waldtag, ein Wiesenprojekt, ein grünes Klassenzimmer, jede Einrichtung kann sich mit dem naturraumpädagogischen Ansatz beschäftigen. In Wald- und Naturkindergärten wird dies seit langer Zeit intensiv gelebt. Deshalb lasst uns nach Draußen gehen! „Vor der Tür ist schon Mittendrin!“

Ich möchte Sie nun auf eine kleine Reise mitnehmen. Dieses Buch ist nicht als reines Fachbuch gedacht. Es soll Ihnen einen Eindruck vermitteln, wie die Pädagogik im Wald- und Naturraum umgesetzt werden kann. Beispiele aus dem Alltag im Waldkindergarten werden dies veranschaulichen[1]. Welche Möglichkeiten der Umsetzung gibt es und wie können sie spontan und ohne großen

---

1 Nach der Initiierung zweier Waldgruppen, gründete Sabine Reindl 2019 in Brand/Oberpfalz „Die Goldbacher WurzelZWERGE e.V.“, den ersten vereinsgeführten Waldkindergarten im Landkreis Tirschenreuth/Oberpfalz. 2021 zog der Waldkindergarten in ein Waldstück im benachbarten Neugrünberg um. Im Gepäck war auch ein Maskottchen: Der Wurzelzwerg mit der orangefarbenen Mütze. Die meisten berichteten Erlebnisse, Spielideen und Anekdoten in diesem Buch beziehen sich auf Sabine Reindls eigene Erfahrungen, lassen sich aber problemlos auf andere Waldkindergärten und Waldgruppen übertragen.

Aufwand zur Anwendung kommen? Material ist dabei nur ganz bedingt nötig, denn die Natur liefert es in Hülle und Fülle.

Weiterführende Literatur zu detaillierten fachlichen Informationen finden Sie im Anhang.

Wir stöbern ein bisschen in der Geschichte der Waldkindergärten und werfen einen Blick auf die Vielfalt der pädagogischen Ansätze. Was zeichnet den Waldkindergarten als Alternative aus und welche Anforderungen stellt die Arbeit dort an das Personal?

Es lohnt sich ein Perspektivenwechsel. Das Spielen und Lernen in einem Natur- oder Waldkindergarten hat, wie alle anderen Kitas auch, den Bildungs- und Erziehungsplan des jeweiligen Bundeslandes[2] als Grundlage, und wir entdecken gemeinsam wunderbare Möglichkeiten der Umsetzung. Vielleicht fragen Sie sich, ob die Kinder im Natur- und Waldkindergarten auch richtig auf die Schule vorbereitet werden? Ich kann dies nur mit einem eindeutigen „Ja" beantworten.

Im zweiten Teil dieses Buches möchte ich meine zahlreichen Erfahrungen und Erlebnisse, die ich in jahrelanger Arbeit im Naturraum sammeln konnte, mit Ihnen teilen. Lassen Sie sich anstecken von den Geschichten und Begebenheiten, die uns das Draußensein bietet! Lassen Sie mich Impulsgeber sein und haben Sie den Mut, raus zu gehen und sich treiben zu lassen! Hören Sie auf die Kinder, sehen Sie ihnen zu und spielen Sie einfach mit! Schon nach kurzer Zeit werden Sie ihn selbst spüren – den Zauber der Natur, der Herz, Seele und Körper der Kinder umfängt.

2 An dieser Stelle sei erwähnt, dass jedes Bundesland in Deutschland über einen eigenen Bildungsplan verfügt. Meine Ausführungen gehen auf den Bayerischen Bildungs- und Erziehungsplan zurück – wobei die Kernaussagen, und viele Gemeinsamkeiten in allen Plänen zu finden sind.

Der Waldkindergarten – Der Weg ist das Ziel

In meinem Beruf, der für mich auch Berufung ist, erlebe ich jeden Tag, wie Kinder draußen beim Spielen wachsen, wie sie Lernerfahrungen sammeln und anwenden, sich Konflikten erfolgreich stellen, und so in ihrer Persönlichkeit reifen, sich ganzheitlich entwickeln.

Ich erinnere mich noch sehr gut daran, wie sich vor einigen Jahren ein Wandel vollzog. Plötzlich wurde die Entwicklung der Kinder unter neuen Aspekten gesehen. Ich hatte den Eindruck, dass die Fördermaßnahmen enorm anstiegen. Nicht wenige Kinder benötigten auf einmal eine Logopädie, eine Ergotherapie oder Termine in der Frühförderung. Natürlich wollen die Eltern und auch wir Erzieher*innen für die Kinder immer nur das Beste, und so wurden Englischkurse im Kindergarten angeboten. In einigen Kindertagesstätten im bayrischen Grenzgebiet etwa, konnten die Drei- bis Sechsjährigen spielerisch Tschechisch lernen. Unzählige Förderprogramme hielten Einzug in die Kitas. Für mich stellte sich die Frage: Ist dies alles wirklich notwendig? Verlieren die Kinder nicht immer mehr Freizeit, die zum Spielen so wertvoll ist? Bereiten Programme wie z. B. „Die kleinen Forscher“ oder „Das Zahlenland“ tatsächlich auf das Leben vor? Und entwickelt sich nicht leicht eine Überforderung für die Kinder daraus?

Ich möchte keines dieser Angebote bewerten, aber es ist mir ein Anliegen, zum Nachdenken anzuregen. Es ist wichtig, sich damit zu beschäftigen und auseinanderzusetzen. Und es steht jedem frei, zu entscheiden, was und welche Form die pädagogische Arbeit bereichert.

Selbstverständlich haben Kinder ein Recht auf eine optimale Förderung in ihrer Entwicklung. Aber sie haben auch den Anspruch darauf, dass wir unseren Blick auf ihre Stärken richten und sie so annehmen, wie sie sind. Nicht alle sollen durch das gleiche Raster passen müssen. Die Individualität und die unterschiedlichen Persönlichkeiten zeichnen eine Gesellschaft aus.

Eine wunderbare Kernaussage des Hirnforschers Gerald Hüther bringt es auf den Punkt: „Wenn du dein Kind fördern willst, lass es spielen“. (Hüther o. J.)

Schon immer war ich aufgeschlossen gegenüber den verschiedenen Ansätzen im Bereich Bildung und Erziehung. Und gerade die Naturraumpädagogik hat mich mehr und mehr interessiert. Begonnen hat alles vor Jahren mit Waldtagen in meiner Einrichtung. Einmal im Jahr organisierten wir eine „Waldzeit“. Die Kinder verbrachten dabei mit uns Erziehern*innen ein paar Tage in der Natur. Dies haben wir immer weiter ausgebaut, bis hin zu einem regelmäßigen Waldtag im Monat und Waldwochen zu den unterschiedlichsten Jahreszeiten.

Dann kam ich an den Punkt, an dem ich erkannt habe: Das ist nicht genug. Die Kinder fühlen sich draußen wohl, die Konflikte sind viel geringer, sie sind gesünder, sie agieren selbstständiger. Ich erlebte die Zeit „draußen“ als effizient und effektiv. Die Kinder und auch wir Erzieher*innen sind ausgeglichener. Und so baute ich die erste Waldgruppe auf, angegliedert an eine Kita. Nach fünf erfolgreichen Jahren wiederholte ich dies auf Wunsch in einer anderen Einrichtung. Waldkindergartenplätze sind rar in unserer Region und so war die Gruppe bereits nach einem Jahr mit 20 Kindern voll ausgelastet und wurde auf 23 Kinder erweitert.

Im Sommer 2019 gründete ich mit engagierten Eltern den Verein Waldkindergarten „Die Goldbacher WurzelZWERGE e.V.“, der die Trägerschaft des ersten und bisher einzigen Waldkindergartens dieser Art in unserem Landkreis übernimmt. In meiner Position als pädagogische Leitung kann ich all meine bisherigen Erfahrungen einbringen, neue Erkenntnisse sammeln und weitergeben. Meine Inspirationen bekomme ich täglich in der Natur und von den Wurzelzwergen.

Die Wurzelzwerge, das sind die Kinder, die mich immer wieder mit ihrer Neugierde, ihrer Fantasie, ihrem Tatendrang, ihrer Herzlichkeit und Unbeschwertheit zu neuen Wegen und Taten motivieren. Sie sind für mich kleine Visionäre, Zauberer und Glücksbringer. Begleiten wir die Kinder durch ein Jahr im Waldkindergarten!

Ich lade Sie ein, sich auf dieses Abenteuer einzulassen, neue Talente bei sich zu entdecken, lang gehegte Wünsche zu verwirklichen und motiviert in jeden neuen Tag zu starten. Sie werden bald erkennen: Die Natur, der Wald in Verbindung mit den Kindern, kann der schönste Arbeitsplatz der Welt sein. Sie haben es in der Hand.

Was versteht man unter einem Waldkindergarten?

Eigentlich ist ein Waldkindergarten ein ganz normaler Kindergarten – die Kinder sind eben den ganzen Tag draußen an der frischen Luft. Es gibt keine Türen und auch keine Wände, keinen Lärm und auch, wenn überhaupt, nur eine sehr begrenzte Zahl an vorgefertigten Spielsachen. Gespielt wird einfach das, was Kinder schon immer gerne spielen. „Vater-Mutter-Kind“ als Rollenspiel, etwa. Aus Brettern ist schnell mal ein Kaufladen zusammengezimmert und zu kaufen gibt es genug. Zapfen sind dann mal eben Bratwürstchen, Sägespäne werden zu Parmesan und Rinden zu Schnitzel. Bezahlt wird mit den kleinen Steinchen, die man am Wegrand gefunden hat. Als Spielzeug dient alles, was in der

Natur zu finden ist. Und so ganz nebenbei erfahren die Kinder spielerisch die Natur mit ihrem Jahreskreis. Balancieren, klettern, barfuß durchs Moos. Sie spüren Regentropfen im Gesicht, oder blicken in ein kleines Vogelnest neben dem Bauwagen. „Es geht nicht darum, dass die Kinder möglichst viele Pflanzen- und Tiernamen lernen, vielmehr sollen sie im direkten Erleben der Natur ihre Fragen durch Beobachten und Experimentieren selbst beantworten können" (Del Rosso 2010).

Die Idee des Waldkindergartens hat ihren Ursprung in Norwegen und Schweden. Die erste Einrichtung dieser Art entstand allerdings 1951 in Dänemark durch eine Elterninitiative. Ursula Stube aus Wiesbaden gründete dann 1968 den ersten Waldkindergarten in Deutschland. Erst 1993 eröffnete in Flensburg der erste staatlich anerkannte Waldkindergarten. Ab diesem Zeitpunkt verbreitete sich das Konzept deutschlandweit. Mittlerweile gibt es ca. 2000 Waldkindergärten und/oder Waldgruppen.

Vorteile gegenüber Regeleinrichtungen

Die geringe Gruppengröße (15–20 Kinder je Gruppe) zeichnet die Waldkindergärten aus, genauso wie ein hoher Personalschlüssel, was eine intensive und individuelle Betreuung und Begleitung der Kinder möglich macht. Die Kinder erkunden ihr Umfeld tagtäglich mit allen Sinnen und lernen ganzheitlich. Durch das innige Miteinander agieren sie sozial und wertschätzend. Sie sind ständig in Bewegung und leben ihre Kreativität sehr umfangreich aus. Und so sind sich die Eltern, das Personal und auch Wissenschaftler*innen mittlerweile einig: Die Kinder in Waldkindergärten sind gesünder, haben eine reichere Fantasie und können sich wunderbar konzentrieren. Ein Waldkindergarten ist aus meiner langjährigen Erfahrung heraus eine große Bereicherung für Körper, Geist und Seele.

Vielfalt und Formen

Die Natur- und Waldpädagogik fand neben den klassischen pädagogischen Ansätzen, wie z. B. dem Montessori-Konzept, der Waldorfpädagogik, dem Situationsansatz, dem spielzeugfreien Kindergarten oder auch der Reggio-Pädagogik seine Berechtigung. Mittlerweile werden auch die unterschiedlichsten Mischformen umgesetzt. Immer wieder ist auch eine Differenzierung zwischen Freiland- und Waldpädagogik zu lesen. Bei ersterer beschränken sich die Aufenthaltsorte nicht nur auf den Wald.

Der reine Waldkindergarten

Die Kinder verbringen die gesamte Zeit im Wald, in der Natur und nutzen dabei ein bestimmtes Areal. Die Betreuung richtet sich an Kinder von drei Jahren bis zum Schuleintritt. Mittlerweile finden sich auch durchaus erfolgreich umgesetzte Konzepte für U3-Kinder. Diese reinen Waldkindergärten verfügen in der Regel nicht über ein festes Gebäude. Ein Bauwagen oder auch eine Hütte, dient zur Unterbringung von Materialien – und auch mal als kleiner Unterschlupf. In Bayern müssen diese Einrichtungen zusätzlich einen Ausweichraum, z. B. ein Vereinsheim, nachweisen können.

Der angegliederte Waldkindergarten

Anders als beim reinen Waldkindergarten handelt es sich hierbei um eine Gruppe, die einer Einrichtung angegliedert ist. Dabei kann es sich um eine gleichbleibende Gruppe handeln oder aber die Kinder können frei wählen, ob sie die Waldgruppe oder die Regelgruppe im Haus besuchen möchten. Auch finden Wechselgruppen Zuspruch – immer die gleichen Kinder besuchen abwechselnd den Wald und das Haus. Hier ist der Spielraum sehr groß und an die Gegebenheiten der jeweiligen Einrichtungen angepasst.

Die Wald-Projekttage/ und -wochen

Kinder aus Regelkindergärten verbringen zu fest eingeplanten Zeitpunkten Tage oder Wochen im Wald und in der Natur.

Viele Einrichtungen haben die Wald- und Naturpädagogik mittlerweile fest in ihrer Konzeption verankert. Es wäre eine wundervolle Entwicklung, wenn die Aufenthalte draußen, die Erlebnisse in und mit der Natur nicht als besonderes zusätzliches Angebot in der Leitidee einer Kita geführt werden, sondern als beständiger und im Alltag üblicher Aspekt fest verankert wären. Das gesamte Team sollte sich der Wichtigkeit bewusst sein und sich aktiv und überzeugt an der Umsetzung beteiligen. Auch die Eltern müssen ausreichend informiert, motiviert und einbezogen werden. Und wenn alle gemeinsam die Natur als wertvoll und lehrreich erkennen und annehmen, steht dem Großwerden draußen im Grünen nichts mehr im Wege.

Natürlich muss und kann es sich nicht immer um einen „reinen" Waldkindergarten handeln. Je nach Region erfreuen sich inzwischen zahlreiche Umsetzungsformen sehr großer Beliebtheit. Kinder besuchen Wiesenkindergärten, auch Strand- oder Bauernhofkindergärten sind wundervolle Spiel-, Lern- und Erlebnisräume.

Spiel- oder Wichtelgruppen

Sie können im Waldkindergarten so konzipiert sein, dass sich Kinder unter drei Jahren, in Begleitung eines Elternteils, treffen und den Jahreskreis in der Natur frühzeitig erleben. Dies kann auch wunderbar als Übergang in den Wald- und/oder Naturkindergarten genutzt werden, da ihnen der Waldalltag in der Gruppe bereits vertraut ist.

Auch Krippengruppen finden in der Waldpädagogik durchaus ihre Berechtigung und werden zunehmend angeboten.

Es ist jedoch bei allen Formen wichtig, den Grundgedanken nicht aus dem Auge zu verlieren. Ein Wald- oder Naturkindergarten hat die Natur und die Jahreszeiten als wichtigste Grundlage und soll sich nicht zu einem Kindergarten im Wald entwickeln, indem sich vieles genauso wiederfindet wie in einer Regeleinrichtung auch – nur eben draußen. Der Naturraum mit all seinen natürlichen Spielmaterialien in unerschöpflicher Menge macht vorgefertigtes Spielzeug überflüssig. Es würde die Kinder in ihrer Kreativität eingrenzen. Mit einem kleinen Vorrat an Seilen, Werkzeugen, Medienmaterialien, Schnüren und Farben ist die Gruppe bereits bestens ausgestattet. Natürlich greifen wir auch die Vorlieben der Kinder auf und bauen den Bestand dementsprechend aus.

Ausnahmen bestätigen die Regel: Spielzeugtage im Waldkindergarten

Es ist Sommer und die Kinder beschäftigen sich ausdauernd und gerne am Werkplatz. Andere arbeiten am Malort, einem Platz im Wald, der mit einer selbstgebauten Staffelei und einer Palette ausgestattet ist. Daran sind Pinselbehälter und Ablagen für Farben angebracht. Außerdem finden dort verschiedene Stifte in Eimern ihren Platz. Es ist dann auch die Zeit, in der wir gerne einen „Spielzeugtag“ anbieten. Die Kinder bringen in einem gemeinsam festgelegten Zeitraum ihre Lieblingsspiele von zuhause mit in den Waldkindergarten. Dann spielen wir schon mal Memory um die Wette oder arbeiten an einem anstrengenden Puzzle. Die verschiedenen Regelspiele fordern und fördern die Konzentration auf eine ganz andere Weise. Konflikte wollen gelöst sein und Frustrationstoleranz wird geübt.

Diese Tage erfreuen sich bei den Kindern erfahrungsgemäß großer Beliebtheit. Sie sehen sie als schöne Abwechslung, sie sind stolz, etwas von zuhause zeigen zu können – tauchen aber genauso gerne wieder in den eigentlichen Waldkindergartenalltag ein, zurück zu Wurzeln, Zapfen und Stöcken, um ihre unzähligen Ideen umzusetzen.

Waldkindergärten als alternatives Angebot

Der Waldkindergarten stellt eine wunderbare Alternative zum Regelkindergarten dar. Er bietet den Kindern ebenso optimale Voraussetzungen für die Verwirklichung einer ganzheitlichen Erziehung. Ich selbst habe mich ganz der reinen Waldkindergartenpädagogik verschrieben. In gut konzipierten Einrichtungen lässt sich dieser Ansatz wunderbar in Projekttage, Waldwochen und Waldgruppen einbauen. Mit der entsprechenden Unterstützung des Trägers, der Leitung und schließlich einem engagierten Team, steht einer gelebten und erfolgreichen Umsetzung nichts im Wege.

In meinen Ausführungen lege ich den Fokus auf den reinen Waldkindergarten. Alle Aktionen, Projekte, sowie sämtliche Inhalte des pädagogischen Konzeptes lassen sich aber ebenso in der Vielfältigkeit der unterschiedlichsten Formen umsetzen.

Die Kinder spielen und bewegen sich bei „Wind und Wetter" an der frischen Luft, ein eigenes Kindergartengebäude gibt es nicht. Auf diese Weise können die Kinder den Wechsel und die Merkmale der Jahreszeiten unmittelbar und mit allen Sinnen wahrnehmen. Im Waldkindergarten haben die Kinder die Möglichkeit, ihren natürlichen Spiel- und Bewegungsdrang ungehindert auszuleben. Der Aktionsraum hierfür ist im Wald natürlich bedeutend größer als in geschlossenen Räumen.

„Ohne Dach und Wände“ ist jedoch nicht gleichzusetzen mit „unbegrenzt“. Jeder Waldkindergarten wird auf einem ausgewiesenen Grundstück betrieben. Dies kann mit bunten Bändern an den Bäumen visualisiert werden. Auch ein Weg oder ein Pfad sind eine gute Geländebegrenzung. Es empfiehlt sich, den Waldplatz immer wieder mit den Kindern gemeinsam abzuschreiten. Wenn sie selbst kleine Markierungen anbringen dürfen, verinnerlichen sie die Regeln und Absprachen sehr gut.

Neben den grobmotorischen Fähigkeiten, die vor allem beim Klettern, Laufen, Springen, Balancieren, Spielen und Matschen gefördert werden, kommt auch die Feinmotorik nicht zu kurz. Die Natur bietet vielfältiges Material, mit dem die Kinder experimentieren können, indem sie es auseinandernehmen, zusammenfügen oder sich achtsam, vorsichtig und geschickt darauf einlassen.

Haben Sie schon einmal ein Eichhörnchen beim Knabbern an einem Zapfen beobachtet? Es scheint mühelos an die leckeren Samen heranzukommen. Nehmen Sie selbst einmal einen solchen Zapfen in die Hand und versuchen Sie die einzelnen Schuppen zu entfernen. Das ist ziemlich anstrengend und eine ausgezeichnete Übung für die Fingerfertigkeit. Und dies ist nur ein Beispiel von vielen, die in der Natur zu finden sind.

Durch den Aufenthalt im Freien wird das Immunsystem gestärkt, weshalb Waldkindergartenkinder seltener an Erkältungskrankheiten leiden als Kinder im Regelkindergärten. Außerdem fällt auf, dass die Kinder in wesentlich kürzerer Zeit erholt und genesen in die Einrichtung zurückkommen. Ein weiterer wichtiger Aspekt ist, dass durch die viele Bewegung im Waldkindergarten Haltungsschäden entgegengewirkt werden kann.

Es gibt natürlich diese Tage, an denen es bereits morgen beim Ankommen kräftig regnet. Die Kinder springen frohgelaunt aus dem Auto und steuern auf die nächste Pfütze zu. Durch richtige Kleidung gut geschützt, ist es auch spannend, durch das Wasser zu springen, die Wellen zu beobachten, die mit einem Stock gemacht werden oder durch den Matsch zu stapfen, dass es nur so schlurft. Sich dabei auf beiden Füssen zu halten oder sogar von Bein zu Bein zu hüpfen, fördert unter anderem den Gleichgewichtssinn der Kinder. Dies alles macht der Regen erst möglich – also kein Grund, drinnen zu bleiben!

Die Weite und der Raum in der Natur tragen in hohem Maß zum körperlichen und seelischen Wohlbefinden der Kinder bei. Aggressionen können besser abgebaut werden, was besonders Kindern mit herausforderndem und auffälligem Verhalten zugutekommt.

Ein Junge, fünf Jahre, handwerklich sehr begabt und kreativ. Er ist sprachlich auffallend gut entwickelt, verfügt über einen enormen Wortschatz und kann sehr gut kommunizieren. Trotzdem gerät er immer wieder in Konflikte mit anderen Kindern. Er ist schnell gereizt und wird aggressiv. Er hat sich dann meist nicht mehr unter Kontrolle. Dies ist der Zeitpunkt, an dem er von sich aus unseren „Wutbaum" aufsucht. Er klettert hinauf, zieht sich zurück und kommt so wieder zur Ruhe – entspannt kehrt er später, wenn er sich soweit fühlt, zur Gruppe zurück.

Beim „Wutbaum" handelt es sich um einen Baum mit guter Klettermöglichkeit. Mit den Kindern gemeinsam wurde dieser Baum ausgesucht und gemeinsam wurden auch die Regeln erarbeitet:

- Er ist nur bei Wut im Bauch zu benutzen.
- Es darf immer nur einer hinauf.

- Es darf nur bis zu einer vorher angebrachten Markierung geklettert werden.
- Wenn die Wut aus dem Bauch verschwunden ist, wird der Baum wieder verlassen.

Die Kinder lernen ihre Gefühle einzuschätzen, darauf zu achten und zu reagieren. Durch ihr selbstständiges Handeln und das Vertrauen, das ihnen dadurch entgegengebracht wird, gewinnen sie zunehmend an Selbstwertgefühl und Selbstverstrauen. Sie fühlen sich ernstgenommen und erhalten den Raum und die Zeit, die sie ganz individuell brauchen. Schon sehr früh entwickeln viele Kinder ein positives Verhältnis zur Natur. So wird bereits in der Kindheit der Grundstein für einen verantwortungsbewussten Umgang gelegt.

„Wir sind hier im Wald die Gäste" – es ist wichtig, dies den Kindern von Anfang an zu vermitteln. Wir dürfen uns in der Natur aufhalten, aber sie gehört uns nicht. Wir haben alle die Verantwortung, sie zu schützen. Eine ganz wichtige Regel bei uns im Waldkindergarten ist, nur Dinge, welche sich auf dem Boden finden, als Spielmaterial zu verwenden. Wir verletzen keine Pflanzen und brechen keine Äste von Bäumen ab. *Laden Sie sich doch einmal einen Förster auf den Platz ein und machen gemeinsam mit den Kindern einen Streifzug durch den Wald.* Ich bin immer wieder überrascht, was die Kinder alles wissen möchten:

- Wie erkennt man denn, ob ein Baum krank ist?
- Wie pflanzt man eigentlich einen neuen Baum?
- Und wo kommt der her?

Diese Exkursionen sind sehr nachhaltig und jedes Kind möchte seinen Teil dazu beitragen, dass es dem Wald gut geht. So entwickeln sich daraus schon einmal richtige Pflanzaktionen. Und die kleinen Bäume, die die Kinder selbst in die Erde gesetzt haben, werden gehegt und gepflegt.

Ein weiterer gravierender Unterschied zwischen Wald- und Regelkindergärten liegt im Umgang mit Spielzeug. Jedes Kind kommt neugierig auf die Welt. Neugierde und Fantasie schaffen Wissen. Deshalb kommt vorgefertigtes Spielmaterial in Waldkindergarten fast nie oder nur bedingt zum Einsatz. Das Sozialverhalten und die Sprachentwicklung der Kinder werden dadurch zusätzlich in besonderem Maße angeregt. In Interaktion mit anderen Kindern entwickeln sich so alternative Spielideen. Waldkindergärten wirken auch der inzwischen überall vorherrschenden Reizüberflutung entgegen. Die Kinder lassen sich auf die Stille ein, nehmen ihre Umgebung konzentriert wahr. Jedes

Kind trägt von Geburt an Kreativität in sich, diese kann in der Natur wunderbar ausgelebt und gefördert werden.

Wir suchen uns einen alten dicken Baum mit vielen „Elefantenwurzeln" – so nennen die Wurzelzwerge die über der Erde sichtbaren Wurzeln. In kleinen Gruppen lassen sich die Kinder um den Baum nieder. In kleinen Körbchen haben sie allerlei Waldschätze gesammelt, mit denen sie sich nun eine kleine Zwergenstadt bauen, wobei zwischen jeder dicken Wurzel ein anderes Haus entsteht. Ausdauernd und konzentriert arbeiten sie an kleinen Zäunen, Stöckchen werden zu Obstbäumen im Zwergengarten, eine Baumrinde ist das Dach...

Zu kleine Räume oder zu große Gruppen gibt es nicht im Waldkindergarten. Die Gruppenstärke beträgt 15 bis 20 Kinder, mit bis zu drei Pädagog*innen, unterstützt durch pädagogische Hilfskräfte. Die dadurch resultierende „Mehr-Zeit" am Kind kann intensiv zum Spiel und für Beobachtungen genutzt werden.

Zahlreiche Aktionen unternehmen die Kinder gemeinsam. Aufgrund des „großen Raumes" und des Personals lässt sich die Gruppe aber auch problemlos teilen.

Die Vorschule im Waldkindergarten

Regelmäßig treffen sich *die „Kobolde"* in der Waldschule. Die zukünftigen Schulkinder beschäftigen sich dort spielerisch mit der Welt der Buchstaben und Zahlen, treffen die Sprechhexe oder philosophieren an einer eigenen Geschichte (vgl. Praxisteil).

Die Amselkinder, das sind bei uns die Kinder bis zum Vorschulalter. Sie beschäftigen sich mit Themen, die sich aus ihren eigenen Interessen ergeben. Ein Kind beobachtet ein Eichhörnchen beim Klettern und beim Fressen. Da tauchen viele Fragen auf, die sich vielleicht mithilfe eines Buches klären lassen. Und dann möchten die Kinder sich auch um die Tiere kümmern – der Wunsch nach einer Eichhörnchen-Futter-Station entsteht, und die Kinder wollen sie gemeinsam umsetzen.

Für extreme Witterungen gibt es in jedem Waldkindergarten auch eine Schutzunterkunft, welche aber nur selten genutzt wird, da sich die Kinder üblicherweise auch bei Regen, Schnee oder Minustemperaturen im Wald aufhalten.

Es kommt aber durchaus vor, dass der Wald aufgrund von Sturm oder Schnee nicht betreten werden kann, auch Waldarbeiten lassen einen Aufenthalt nicht zu. Für diesen Fall gibt es bei uns einen gefüllten und jederzeit spontan einsetzbaren „Hauskoffer". Darin findet sich für jedes Kind ein Paar Stoppersocken als Hausschuhersatz für den Ausweichraum. Auch eine kleine Auswahl an Bastelmaterialien, wie Stifte, Scheren und Papier, liegen dort ebenso bereit wie ein dickes Geschichtenbuch. Mit dieser kleinen Ausstattung lässt sich auch mal ein toller Tag „indoor" überbrücken.

Der Naturraum ermöglicht den Kindern spielerisch ganzheitliche Erfahrungen mit allen Sinnen zu machen. Die Kinder erfahren ganz bewusst Stille und lassen sich darauf ein.

Das Stillespiel

Auf den Klang der Klangschale suchen sich die Kinder einen Baum in der Nähe und lassen sich an ihm nieder. Sie lehnen sich an, umarmen ihn, setzen sich an seinen Stamm oder auf seine Wurzeln. Die Klangschale ertönt ein zweites Mal – jetzt werden die Kinder ruhig und lauschen. Nach etwas drei Minuten (hier kommt eine Sanduhr zum Einsatz) erklingt die Klangschale erneut. Dies ist das Zeichen für die Kinder sich langsam und ruhig an einen vorher benannten Platz zu begeben. Dort darf jedes Kind von seinen Erlebnissen erzählen.

Das Konzept der Waldkindergärten „macht Schule", es bereitet die Kinder optimal auf die Schule vor. Darauf werde ich später noch näher eingehen. Besonders in den Bereichen Motivation, Ausdauer, Konzentration, Sozialverhalten und Mitarbeit im Unterricht gibt es bei Kindern aus Waldkindergärten interessante Beobachtungen.

Ein Tag im Waldkindergarten

Es ist noch früh am Morgen und die ersten Autos kommen am kleinen Parkplatz an. Die Kinder springen frohgelaunt heraus und schnallen sich ihre Rucksäcke auf. Lachend begrüßen sich die Freunde und besprechen bereits die ersten Pläne für diesen Waldtag. Schon nach kurzer Zeit sind wir vollzählig und es geht los, auf in ein neues Abenteuer. Wir laufen den Waldweg entlang und machen gleich wieder Halt. Was liegt denn da auf dem Baumstumpf? Da hat sich wohl ein Eichhörnchen sein Frühstück schmecken lassen – oder war es vielleicht doch eine Maus? An der dicken Buche warten wir aufeinander, um uns noch einmal richtig zu begrüßen. Wir schauen uns um, ob jemand fehlt und tauschen Ideen aus, was wir heute machen wollen. Mit unserem „Wurzelzwergenlied“ geht es dann weiter. Am Waldplatz angekommen, heißt es jetzt SPIELEN. Wir flitzen und springen, wir schaukeln und buddeln, wir werkeln und basteln, wir singen und lachen. Dann schlägt ein Kind die Glocke an und alle kommen angelaufen. Dieses Signal zeigt ihnen, dass es eine wichtige Information für alle gibt. Und wir wollen ja nicht in den Wald rufen und die Tiere erschrecken. Der leichte Glockenklang ist ausreichend gut von jedem zu hören und klingt auch noch schön. „Die Glocke hat geschlagen, was willst du uns sagen?“, fragen die Kinder. „Es ist Zeit für die Brotzeit!“. Also geht es auf in unser Badezimmer. Dort hat jeder Wurzelzwerg sein Handtuch an einem Holzbrett hängen, über einem dicken Ast baumelt ein Wasserbeutel. Mit einem lustigen „Händewaschspruch“ warten die Kinder, bis sie an der Reihe sind. Mit Seife und warmem Wasser lässt sich die Erde leicht entfernen und nach dem Abtrocknen treffen wir uns an unserem großen Waldmandala. Jeder der möchte, spricht dort ein Gebet mit uns.

In einem gemütlichen Waldsofa oder im Tipi wird dann die Brotzeitdose ausgepackt. Ist der Hunger und der Durst gestillt, die Hände erneut gewaschen geht es auch schon wieder los, schließlich haben die kleinen Wurzelzwerge noch eine Menge vor. An der Werkbank ist ein Vogelhaus in Arbeit, am Hängemattenplatz wartet eine spannende Geschichte und in der Waldküche durftet es lecker nach Zapfenbratwurst mit Sauerkraut.

Viel zu schnell vergeht die Zeit und wir machen uns wieder auf den Heimweg. Fröhlich laufen die Kinder der Mama oder dem Papa entgegen und schmieden bereits wieder Pläne für den nächsten Tag, an dem sie sich wieder treffen: zu neuen Abenteuern im Waldkindergarten.

Gesucht: Fachkräfte für jede Wetterlage

Die Entscheidung, sich als Erzieher*in bei einem Waldkindergarten zu engagieren oder auch nur, einen festen Waldtag in die Kindergartenwoche zu integrieren, erfordert eine eingehende Reflexion der Gegebenheiten und Ziele.

- Sind Sie dazu bereit, bei nahezu jeder Wetterlage im Freien zu arbeiten?
- Können Sie auf Hilfsmittel, wie Spielzeuge, verzichten?
- Können Sie sich für die Grundwerte der Natur- und Waldpädagogik begeistern?

So sollten Sie sich auch darüber im Klaren sein, in welcher Weise eine derartige Ausrichtung zur Natur Ihre eigene Arbeit verändern würde bzw. welche Möglichkeiten Ihrer Einrichtung zur Verfügung stehen und welche Ziele Sie damit verfolgen.

Denn ganz egal, ob Sie in einer Waldgruppe oder einem Waldprojekt arbeiten möchten – ein solches Vorhaben stellt ganz besondere Anforderungen an die Fachkräfte. In einem Waldkindergarten zu arbeiten, der ganzjährig bei jedem Wetter draußen stattfindet, ist definitiv nicht für jeden etwas. Deshalb ist es sehr wichtig, sich im Team intensiv damit auseinanderzusetzen. Denn nur, wer sich in der Rolle als Erzieher*in im Waldkindergarten findet, kann auch erfolgreich und zufriedenstellend tätig sein. Sehr gute Erfahrungen habe ich mit „Brainstorming" gemacht. Dabei werden Begriffe rund um ein Thema gesammelt, Ideen zusammengetragen und Denkanstöße freigesetzt.

Ein Praxisbeispiel für eine Teamsitzung

Nehmen Sie ein Plakat und schreiben Sie groß und deutlich das Wort WALD darauf. Dies legen Sie in die Mitte Ihres Sitzkreises. Rundherum ordnen Sie vier weitere Schilder an, mit jeweils einem Buchstaben des Wortes WALD.

Jedes Teammitglied bekommt vier leere Kärtchen, je Buchstabe eines. Sie haben nun die Aufgabe, zu jedem einzelnen Buchstaben Worte und Begriffe zu notieren, die Sie mit dem Wort WALD in Verbindung setzen. Die fertigen Kärtchen werden neben den entsprechenden Buchstaben gelegt und dienen dem Team als Gesprächsgrundlage.

Geben Sie Ihrem Team ruhig ein paar Impulse an die Hand:

- Was bedeutet „Wald" für dich? (Beispiel: Wunder, Wissen)

- Woran denkst du, wenn du das Wort „Wald" hörst? (Beispiel: Abenteuer, Dankbarkeit)
- Welches Erlebnis verbindest du mit dem Wort „Wald"? (Beispiel: Luft, Dunkelheit)
- Wald und Kinder? (Beispiel: Aggressionen, Langeweile)
- Wald und ich als Erzieher*in? (Beispiel: Angst, Wetter)

Sie werden rasch merken, wie sich Ihr Team für die Sache begeistern wird. Kindheitserinnerungen werden wach, Ideen sprudeln nur so hervor, die Lust zur Umsetzung wächst, aber auch Bedenken und Ängste kommen an die Oberfläche. Geben Sie ausreichend Zeit für den Austausch. Ich gehe mit den Seminarteilnehmer*innen immer gerne nach draußen, um die Eindrücke zu vertiefen, Gefühle zu verinnerlichen und intensiv zu erleben. Vielleicht legen Sie die nächste Teamsitzung einmal direkt in den Wald! Denken Sie an Sitzkissen, an eine gute Brotzeit, ein leckeres Getränk und erleben Sie den Wald mit allen Sinnen. Vielleicht nehmen Sie ein großes Stück Pappe mit, auf dem Sie die gesammelten Begriffe aus der letzten Teamsitzung in einer Mindmap sortieren. Erfahrungsgemäß entwickeln sich daraus bereits die ersten Ideen zur Umsetzung der Thematik „Waldpädagogik". Und haben Sie Mut zum Ausprobieren! Es gibt kein Richtig und kein Falsch – und ich verspreche Ihnen, Sie werden zum „Wiederholungstäter".

Eine weitere gute Möglichkeit, eine Teambesprechung zu gestalten, setzt Erlebnisse und Ausflüge mit den Kindern voraus. Gehen Sie in ein gut gesichertes Gelände und lassen Sie die Kinder spielen. Ihre Aufgabe als Pädagoge*in soll das Beobachten sein. Die daraus gewonnenen Kenntnisse bilden die Basis für die nächste Teamsitzung.

Aber dann ist da noch die wichtigste Frage überhaupt! Was zeichnet eine*n Erzieher*in im Wald aus? Welche Anforderungen sind an ihn/sie gestellt?

Notwendige Kenntnisse oder auch Qualifikationen werden in der Ausbildung zum/zur Erzieher*in nur selten vermittelt. Noch bis vor wenigen Jahren gab es auch nur eine geringe Anzahl an Fortbildungsmöglichkeiten zu diesen Themen. Inzwischen nimmt dies erfreulicherweise zu. So bietet z. B. die Ressourcenwerkstatt in Bamberg eine Qualifizierung zum „Fachpädagoge*in für Wald- und Naturpädagogik in Kindertagesstätten" an. In verschiedenen Naturschulen und Akademien finden sich Angebote zur Ausbildung zum Facherzieher*in für Natur- und Waldpädagogik. Hier lohnt es sich, ein bisschen im Internet zu stöbern. Es finden sich noch viele interessante Angebote mehr. Landesverbände für Natur- und Waldkindergärten sind empfehlenswerte Anlaufstellen und Informationsportale. Sie bieten unter anderem einen riesigen Pool an Fortbildungen zu praktischen und theoretischen Themen.

Zwingend erforderlich sind diese Aus- und Weiterbildungen nicht. Es steht natürlich außer Frage, sich ausreichende Kenntnisse anzueignen, aber die wichtigste Grundvoraussetzung ist und bleibt die eigene Achtung vor der Natur, der wertschätzende Umgang mit der zu schützenden Ressource und ein positiver Bezug zu allem, was lebt, kriecht, schwebt, schwimmt und läuft.

Wir als Erwachsene sollen den Kindern ein Vorbild sein. Unser Verhalten mit und in der Natur lehrt die Kinder, es uns gleich zu tun. Für uns Pädagog*innen ist es eine wunderbare Gelegenheit, das Kind in uns wieder lebendig werden zu lassen. Wie wäre es, einmal wieder Wolkenbilder anzuschauen, barfuß über eine Blumenwiese zu laufen oder durch einen kleinen Bach zu waten? Es ist faszinierend, das geschäftige Treiben in einem Ameisenhügel zu beobachten oder den unterschiedlichen Geräuschen im Wald zu lauschen. Ich mache immer wieder die Erfahrung, wie leicht es eigentlich in der Natur ist, sich auf das Wesentliche zu konzentrieren und dabei einmal alles um sich herum auszublenden – ganz bewusst bei einer Sache zu sein, sich völlig frei von Reizen auf eine Sache einzulassen. Und sich dabei voller Neugier und Aktionismus an ein Thema heranzutasten, sich Wissen anzueignen, zu lernen. Genauso wie die Kinder.

Und hier schließt sich der Kreis: Wir Erzieher*innen lernen von den Kindern. Für mich sind sie Zauberer, Visionäre und Künstler. Dies ist Grund genug, sich einzulassen auf das Lern- und Bildungsabenteuer im Waldkindergarten.

Praktische Voraussetzungen

Wie bei den Kindern auch, spielt die richtige Kleidung eine enorme Rolle. Wetterfest und robust, also gut gegen Wind und Regen geschützt, und Wurzel- und Waldbodentauglich, wird jeder Waldtag zum Abenteuer. Das passende Schuhwerk und ein geeigneter Rucksack machen das Outfit komplett. Besonders gute Qualität macht sich natürlich auch im Anschaffungspreis bemerkbar. Im Gegensatz zu einer Tätigkeit „indoor“, reduziert sich die Menge der Kleidung aber enorm. Hören Sie hier ruhig auf Ihr Bauchgefühl. Was Ihnen gut tut, das wird sich auch bewähren. Unsere Vorbildfunktion gegenüber den Kindern macht einige Dinge auch für uns Erwachsene zur Selbstverständlichkeit.

Bei uns Wurzelzwergen hat sich ein Halstuch als absolut ganzjährig taugliches Utensil erwiesen. Im Sommer kühlt es, hält Insekten fern und ist auch mal Sonnenschutz. Im Winter ist es kuschelig und wärmend, und kann bei extremer Kälte zusätzlich als Gesichtsschutz getragen werden. Und so hat jeder bei uns täglich dieses Kleidungsstück als Grundausrüstung dabei. Lange Hosen und langärmelige Oberbekleidung sind zu jeder Jahreszeit und bei allen Temperaturen angesagt. So schützen wir uns gegen Zecken und andere Insekten. Auch das Kriechen im Unterholz lässt sich so viel leichter bewerkstelligen, sodass wir immer ganz nah am Geschehen sein können, ohne uns an Ästen und Zweigen zu verletzen.

Nun stellen Sie sich vielleicht die Frage, ob lange Bekleidung im Sommer, an besonders heißen Tagen, nicht ziemlich unangenehm ist. Da hilft der Gedanke an Länder, in denen fast ganzjährig sehr warm ist. Dort schützen sich die Menschen seit jeher durch lange Bekleidung vor den intensiven Sonnenstrahlen. Übrigens ist auch ein warmer Tee gerade im Sommer ein ausgezeichneter Durstlöscher. Machen Sie ruhig einmal einen Versuch mit den Kindern und finden Sie heraus, was besser gegen Hitze hilft! Lassen Sie sich überraschen, welche erstaunlichen Beobachtungen die Kinder machen werden. So schulen Sie ganz nebenbei die Körperwahrnehmung und leisten einen wichtigen Beitrag zur Gesundheitserziehung.

2 Spielen und Lernen auf der Grundlage des Bildungsplanes

Der pädagogische Ansatz

Wie sich bereits aus dem Namen ableiten lässt, spielt die Natur in der Wald- und Naturpädagogik die Hauptrolle. Das Erleben und das Lernen mit allen Sinnen bilden den Schwerpunkt. Damit erhalten die Kinder einen direkten Bezug zur Natur, sie wird zum Erlebnis für den ganzen Körper.

Basiskompetenzen im Bildungsplan

Eine kurze Erinnerung: Unter dem Stichwort *Basiskompetenzen* sind die grundlegenden Fertigkeiten zu verstehen, die es dem Kind ermöglichen, mit seinem Gegenüber in Interaktion zu treten und sich seiner Umwelt zu stellen.

Personelle Kompetenzen beinhalten ein gesundes Selbstwertgefühl, eine gelebte Neugier und Fantasie, sowie eine gut entwickelte Motorik und Kognitivität.

In den Bereich der *sozialen Kompetenzen* fallen Aspekte wie Empathie, Kommunikation, Kooperation, Wertebedeutung und Verantwortung.

Lernen, wie man lernt und sich selbst ganz bewusst neues Wissen aneignet, ist unter den *Lernmethodischen Kompetenzen* zu verstehen.

Eine weitere wichtige Basiskompetenz ist die *Resilienz*, die Widerstandskraft, die die Kinder stark macht.

Lassen sich diese Kompetenzen im Waldkindergarten entwickeln? Ein wichtiges Ziel ist es, die Kinder an die Natur und an einen respektvollen Umgang mit dieser Ressource heranzuführen. Denn alles, was die Kinder achten und lieben gelernt haben, das schützen sie auch später als Erwachsene. Im Waldkindergarten spielen die Kinder fast ausschließlich im Freien. Durch den größtmöglichen Verzicht auf vorgefertigtes Spielmaterial sind sie angehalten, sich eigenaktiv Spielsachen zu suchen und auch selbstaktiv tätig zu werden. Kinder im Waldkindergarten sind sehr aufeinander angewiesen, so besitzen soziales Lernen und Werteerziehung einen besonderen Stellenwert. Gegenseitiges Vertrauen und gegenseitige Verlässlichkeit prägen das tägliche Miteinander und die Gruppe vermittelt ein Gefühl der Sicherheit. Die Kinder helfen sich gegenseitig, sie müssen aufeinander zugehen und miteinander kommunizieren. So lassen sich Wege nur gemeinsam meistern, der Baumstamm nur mit einer helfenden Hand überqueren.

Kinder haben einen enormen Bewegungsdrang, der im Wald und in der Natur wunderbar ausgelebt werden kann. Eine gute Körperbeherrschung, eine gute Entwicklung im grobmotorischen Bereich durch eine Vielzahl von körperlichen Herausforderungen, ist sehr förderlich. Die Kinder „er-fahren" und „be-greifen" mit Hand, Herz und Verstand.

Kinder lernen im Spiel – eigenaktiv und aus Freude am Spiel. Deshalb liegt gerade im Freispiel das wichtigste pädagogische Anliegen.

Schlüsselprozesse für die Bildungs- und Erziehungsqualität

Die Eltern, die sich für unsere Einrichtung entschieden haben, vertrauen uns ihren wertvollsten Schatz an: Ihre Kinder. Wir Erzieher*innen haben die Aufgabe, Wegbereiter und Wegbegleiter zu sein, für Kinder und Eltern gleichermaßen. Eine lebendige und echte Partizipation ist für mich ein besonderes Qualitätsmerkmal für eine Einrichtung. Eltern und Kinder gleichermaßen am Alltag zu beteiligen, kann für beide Seiten eine enorme Bereicherung sein. Lassen Sie sich ruhig einmal bei Ihrer „Arbeit" über die Schulter sehen. Laden Sie Eltern ein, einen ganzen Tag zusammen mit Ihrem Kind im Wald/Kindergarten zu verbringen. Meine Erfahrungen sind dabei durchwegs positiv. Viele Eltern haben danach erst einen Eindruck davon, was wir leisten, was Ihre Kinder leisten und vor allem, was Ihre Kinder lernen. Und nicht selten bringen sich die Eltern danach bereitwilliger ein. Die Eltern wollen helfen, also nehmen Sie das Angebot an, es kann nur von Nutzen für Sie und Ihre Arbeit sein.

Eine gelebte Partizipation mit den Kindern ist inzwischen eine Selbstverständlichkeit und aus dem Kitaalltag nicht mehr wegzudenken.

Lernen durch Zusammenarbeit, Ko-Konstruktion, ist ein weiteres Qualitätsmerkmal in der pädagogischen Arbeit. Kinder und Fachkräfte agieren gemeinsam und zielorientiert.

Für mich von besonderer Bedeutung und aus meinem Alltag nicht mehr wegzudenken, sind die Gespräche mit den Kindern: intensives Zuhören, sich austauschen, Geschichten erfinden, an Lösungen arbeiten, sich Wissen aneignen. Das Wort „Philosophie" stammt aus dem griechischen und lässt sich wunderbar übersetzten: „philos" – der Freund und „Sophia" – die Weisheit, das Wissen. Die Kinder als kleine Philosophen sind also lauter kleine Freunde des Wissens. Man kann eine Grundlage der Bildung nicht besser ausdrücken! Und gerade im Waldkindergarten bleibt für diesen wichtigen Bildungsaspekt sehr viel Raum und Zeit.

Der Begriff „Abenteuer" im Bildungskontext

Immer wieder ist im Zusammenhang mit Waldkindern auch von „Abenteuern" zu lesen. Was ist darunter zu verstehen? Und welchen Zusammenhang hat dies mit der Bildung von Kindern?

In Lexika wird oft erklärt, Abenteuer sei mit einem außergewöhnlichen Geschehen verbunden, auch mit einer gefahrvollen Situation, die jemand zu bestehen hat.

Zuerst einmal definiert jeder den Begriff für sich anders. Für die einen ist es ein Ausflug in einen Freizeitpark, eine Paddeltour auf einem großen See oder der Blick von einem hohen Berg. Für andere bedeutet ein Abenteuer das Vertrauen in sich selbst, um neue Dinge auszuprobieren. Was bedeutet Abenteuer für Sie? Thematisieren Sie dies doch einmal im Team!

Tatsache ist, dass sich ein Abenteuer von den alltäglichen Erlebnissen unterscheidet. Mit Blick auf die Kita, spricht man immer dann von einem Abenteuer, wenn sich die Kinder bewusst einer Herausforderung stellen. Ein Bildungs- und Lernabenteuer ist also eine Art Expedition in etwas Unbekanntes.

Früher haben sich Menschen auf den Weg gemacht, um neue Lebensbereiche zu erschließen und haben abenteuerliche Reisen unternommen. Man kann auch die Abenteuer der Kinder als eine Reise in eine neue, unbekannte Welt sehen.

Eine Entdeckungs- oder Forschungsreise ins Unbekannte bedeutet für die Kinder, neue Erfahrungen zu machen, neue Dinge kennen zu lernen, sich Neues zu erschließen. Da klar definierte Aufgaben fehlen, von den Fachkräften eher nur Impulse freigesetzt werden, stehen die Kinder vor der Herausforderung, zu handeln. Ganz so, wie bei einem echten Abenteuer ist der Ausgang dabei völlig ungewiss. Spannung, Faszination und Ungewissheit treffen Kinder und Fachkräfte gleichermaßen und geben allen die Chance, etwas aus der jeweiligen Situation zu lernen.

Jeder von uns kennt das Mädchen mit den roten Zöpfen, das ganz alleine in einer alten Villa lebt, zusammen mit ihrem kleinen Affen und dem Pferd. Richtig – Pippi Langstrumpf, die eigentlich Pippilotta Viktualia Rollgardina Pfefferminza Efraimstochter Langstrumpf heißt. Der Name allein ist schon das reinste Abenteuer. Pippi ist mutig, großzügig, ein bisschen verrückt und unheimlich stark, und deshalb wird sie von Kindern geliebt. Wechseln wir Erwachsenen doch einmal die Perspektive. Lassen Sie uns doch wieder Kind sein! Ein bisschen so wie Pippi Langstrumpf – unerschrocken, fröhlich, mit Freunden an der Seite, selbstbewusst, stark und immer einem neuen spannenden Abenteuer auf der Spur.

Lernen mit allen Sinnen

Viele Erfahrungen verinnerlichen sich mit sinnlichen Erlebnissen. Die Natur ist dazu ein guter Lernraum. Überall ist Lebendigkeit zu spüren. Leuchtende Farben, verschiedene Gerüche und Geräusche sprechen die kindliche Neugierde und den Entdeckergeist an. Es bieten sich unzählige Möglichkeiten für kreatives und ganzheitliches Lernen. Durch die natürliche Umgebung, die unebene Bodenbeschaffenheit, das Überqueren eines Baches oder das Beklettern einer alten Wurzel, gewinnen die Kinder zunehmend an Vertrauen in ihre eigenen Kräfte. Durch eigenständiges Ausprobieren steigert sich ihre Selbstsicherheit und ihr Selbstbewusstsein. Die Tatsache, bei fast allen Wetterlagen stets draußen zu sein, Wind und Wetter am eigenen Körper zu spüren, lässt die Kinder eine positive Beziehung zur Natur aufbauen und legt den Grundstein für nachhaltige Entwicklung.

Oft wird in Familien – am Wochenende oder in den Ferien – über ein Ausflugsziel diskutiert: Tierpark oder doch lieber Zoo? Doch warum nicht einfach vor die Haustüre gehen? Wir Erzieher*innen können hier mit einem guten Beispiel vorangehen. Ein Abschlussausflug in den nahen Wald ist doch genau das Richtige für die kleinen Naturdetektive! Welche Tiere wo entdeckt werden können, ist natürlich nicht so gut planbar, aber ein Erlebnisabenteuer ist es ganz sicher. Auch hier gilt: „Der Weg ist das Ziel". Die Kinder selbst bestimmen ihr Tempo. So entscheiden sie selbstständig, wie lange sie den Marienkäfer beobachten und wie lange er über ihre Hand krabbeln darf. Sie spüren instinktiv, dass sie behutsam mit den kleinen Tieren umgehen müssen. Sie konzentrieren sich auf das Gefühl, das die winzigen Beinchen auf ihrer Haut auslösen, streicheln behutsam, flüstern dem Freund nebenan Beobachtungen zu, gehen in Interaktion. Sehr häufig ist zu beobachten, wie entspannt und ruhig die Kinder bei solchen Naturerlebnissen sind und es versteht sich von selbst, dass es in seinem vertieften Spiel nicht unterbrochen werden sollte. Denn wer sich ständig gestört fühlt, der kann nicht bei der Sache bleiben. Und geben Sie den Kindern, wann immer möglich, die Gelegenheit des Fühlens! Körperkontakt ist äußerst entscheidend für die Entwicklung der Wahrnehmungsfähigkeit. Bei uns Wurzelzwergen dürfen die Kinder alles anfassen, soweit sie das selbst möchten. Tote Tiere ausgenommen. Und das Händewaschen gehört zur täglichen Routine selbstverständlich dazu.

Geschichten als sinnliche Erfahrung

Kinder lieben Geschichten und diese sollten eigentlich in jeden Tag integriert sein. Durch das Erzählen, aber auch durch das Zuhören, erweitern die Kinder nicht nur ihren Wortschatz, sie steigern auch ihre Konzentration, erweitern ihre Vorstellungskraft und bleiben kreativ. Geschichten bedeuten für Kinder eine sehr sinnliche Erfahrung. Sie lernen dabei, sich in andere hineinzuversetzen, nehmen Gehörtes ganz bewusst wahr, entwickeln so die Fähigkeit zur Empathie. Die Natur bietet dafür einen wunderbaren Raum.

Stellen Sie sich vor, Sie erzählen eine Geschichte von einem Vogel, und tatsächlich zwitschert ein echter Vogel genau dann sein Lied. Natürlich ist nun Improvisation gefragt, die Kinder werden auf das Tier aufmerksam, möchten lauschen. Bauen Sie diese Begebenheit in Ihre Geschichte mit ein, lassen Sie die Geschichte dadurch lebendiger und erlebbarer werden. Es ist einfacher als Sie denken, denn Ihr Umfeld gibt Ihnen sozusagen völlig umsonst den Verlauf einer Geschichte vor!

Die Kinder lieben Rituale. Ein solches kann ein Geschichtenplatz sein, ein Ort der Gemütlichkeit. Immer wenn sie an diesen Platz gelangen, erwartet sie eine neue Geschichte. Den Platz können die Kinder gemeinsam gestalten. Das kann ein alter dicker Baum sein, dessen Wurzeln aus der Erde ragen und der sich wunderbar für ein Waldbodenbild eignen. Dann bilden die überirdischen Wurzeln die unterschiedlichen Räume in einem Zwergendorf. Ein Dach aus Ästen und Zweigen gebaut, kleine Stöckchen als Gartenzaun, eine kleine Schaukel aus Bucheckern, Zapfen und Gräser werden zu Blumen im Zwergengarten.

Auch eine kleine Lichtung oder der Platz unter einer alten mächtigen Buche mit all ihrem verzweigten Geäst, sind wunderschöne Plätze. Gerne setzen sich die Kinder auch unter riesige Farnwedel, wir nennen es „Feenwald“. Diese Orte besitzen eine Art magische Anziehungskraft. Kinder gehen mit offenen Augen durch den Wald und bleiben ungefragt genau an solchen Punkten stehen. Achten Sie einmal darauf!

Auf einer meiner Fortbildungen bin ich vor einigen Jahren auf ein ganz besonderes Instrument aufmerksam geworden, welches mich seither sehr häufig bei Geschichten begleitet: die Sansula, eine Neuentwicklung der Kalimba. Sie besitzt einen wunderschönen Klang, der einen ganz leicht in das Geschichtenreich, in das Land der Feen oder in das Zwergenreich zaubert. Beim Geschichtenerzählen ist es für mich sehr wichtig, den Blickkontakt zu den Kindern zu behalten, Verhaltensweisen der Kinder aufzugreifen, ihre Beiträge mit einzubauen. Dafür ist freies Erzählen eine wunderbare Methode und gerade in der Natur sehr leicht umsetzbar. Viele Kolleg*innen scheuen sich und haben Bedenken. Ich kann nur allen Mut machen, es einfach auszuprobieren!

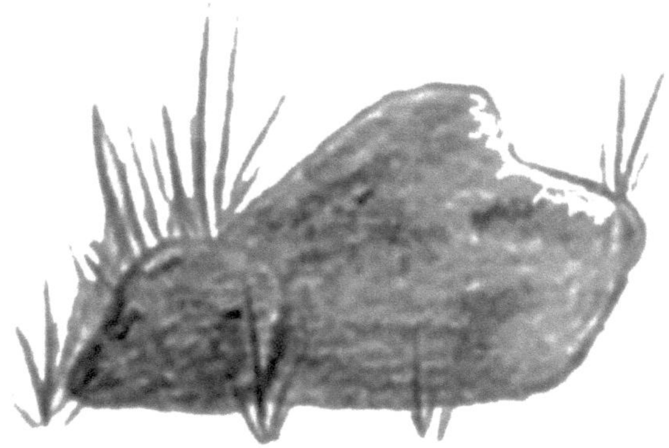

Ein paar kleine Hilfsmittel, die ich beim Geschichtenerzählen gerne im Rucksack dabeihabe:

- Kleine Erzählsteine mit aufgemalten Symbolen geben Impulse für Geschichteninhalte.
- Ein kleiner Beutel mit bespielbaren Waldtieren. Damit lassen sich Geschichten auf dem Waldboden wunderbar spielen.
- Eine Murmel mit Klang, die die Kinder ganz leicht in ein Märchenland reisen lässt.
- Kleine, frei und spontan gewählte Utensilien, die in einem Stoffbeutel stecken (z. B. ein Fingerhut, ein alter Schlüssel, eine kleine Garnspule, ein leeres Schneckenhaus, eine ganz besondere kleine Wurzel oder ein Stöckchen). Damit schaffen Sie sich die Freiheit, mithilfe eines Gegenstandes die Geschichte auszubauen.

Wunderbar für die Entstehung einer Geschichte sind Bildkarten. Besorgen Sie sich beispielsweise schöne Fotografien von verschiedenen Vögeln. Gut geeignet hierfür ist ein Postkartenformat. Länger haltbar werden die Karten, wenn sie einlaminiert sind.

Für die folgende Beispielgeschichte wählen Sie je eine Bildkarte vom Specht, der Eule, dem Eichelhäher, der Amsel, dem Raben, dem Kleiber und dem Kuckuck.

Es wird Frühling im Wald – eine Vogelgeschichte

Ein leiser Wind weht durch die hohen Fichtenbäume im Wurzelwald. Die Wipfel bewegen sich ganz sacht und es ist ein leichtes Rauschen zu hören. Ein ganz besonderer Duft liegt in der Luft, frisch und angenehm. Hier und da liegt auf dem Waldboden noch ein letzter Rest Schnee, längst ist das harte Eis getaut und es wird langsam wärmer. Da – ein Zwitschern, richtig, zwischen den Bäumen fliegt eine Amsel umher und noch eine zweite ist dabei. Eine ist schwarz mit einem gelben Schnabel. Das ist der Amselmann, und der zweite Vogel ist graubraun und hat einen dunkleren Schnabel. Das ist die Amselfrau. Beide suchen sich bestimmt einen schönen Baum, in dem sie bald ihr Nest bauen werden. Ein Zuhause für die Amselkinder, die bald aus den grüngetupften Eiern schlüpfen, die die Amselmama legen wird. Was war denn das jetzt für ein Geräusch? Sind da Waldarbeiter am Werk? Es macht tock, tock, tock! Weißt du, was das ist? Richtig, ein Specht klopft an einen Baum. Und wenn du sein Klopfen hörst, dann ist der Frühling nicht mehr weit. Sein Klopfen kündet die neue Jahreszeit an. Auf einmal übertönt ein lautes Krähen sein Klopfen und ein Vogel mit blaugestreiften Federn fliegt ganz aufgeregt hin und her. Es ist der Eichelhäher. Er ist auch bekannt als die Waldpolizei. Immer, wenn Gefahr droht, fängt er ganz laut zu krähen an und warnt so alle anderen Tiere.

Der schwarze Rabe erschrickt sich fast und fliegt schnell aus dem Wald. Ein kleiner Kleiber verschwindet rasch in seiner Baumhöhle in der dicken Buche. Und hast du das gesehen? Er klettert den Baum von oben abwärts, wie ein richtiger Zirkusartist. Gerade, als ich ihn so beobachte, bewegt sich weiter oben in den Ästen ein großes Tier.

Es dreht seinen Kopf in alle Richtungen und sieht mich plötzlich mit seinen großen Augen an. Da sitzt doch tatsächlich eine Eule auf dem Baum. Die ist wohl durch das laute Rufen des Eichelhähers aufgewacht, die Arme. Sie ist doch bestimmt ganz arg müde – schließlich ist sie die ganze Nacht unterwegs gewesen, um Futter zu suchen. Die Eule ist nämlich ein nachtaktives Tier, und immer, wenn wir aufstehen geht sie schlafen. Bestimmt schlummert sie gleich wieder ein. Der Eichelhäher ist auch wieder ruhig und auch vom Specht ist nichts mehr zu hören. Doch halt, was war denn das? Sei mal ganz leise und lausche mit mir. Hörst du es auch? Kuckuck, kuckuck ruft's durch den Wald.

Diese Geschichte kann beliebig ausgeschmückt werden. Durch ein ausdruckstarkes Erzählen, etwa durch unterschiedliche Stimmlagen, vielleicht auch durch das Imitieren einzelner Vogelstimmen, wird den Kindern eine sinnliche Wahrnehmung ihrer Umgebung – der Natur – ermöglicht und spielerisch Kenntnisse über die spannende Welt der Vögel vermittelt. Die Bildkarten helfen, das Gehörte nachhaltig zu veranschaulichen. Selbstverständlich lässt sich dies auch auf alle anderen Tiere sowie Pflanzen anwenden.

An eine freie Geschichte können Sie folgendermaßen herangehen: Bitten Sie die Kinder eine kleine Höhle aus Ästen und Zweigen an einen Baumstamm zu bauen. Dann dürfen einige Kinder durch den Wald laufen und verschiedene Schätze sammeln, die sie dann jeweils heimlich in diese Höhle legen. Sie selbst legen ebenfalls geheim eines ihrer Utensilien aus dem Rucksack hinein.

Nun machen es sich alle um diese Zauberhöhle bequem. Beginnen Sie, eine Geschichte spontan zu erzählen und holen Sie sich vorsichtig einen der Gegenstände mit der Hand aus der Höhle, ohne dabei hinzusehen.

Diesen Waldschatz bauen Sie nun in ihre Geschichte ein. Variante: Ein Kind erzählt an dieser Stelle die Geschichte weiter und darf dann den zweiten Gegenstand aus der Höhle auf die gleiche Weise wie Sie vorher holen. So nimmt die Geschichte ihren Lauf – und die Spannung steigt, wenn plötzlich ein Gegenstand zum Vorschein kommt, der nicht aus dem Wald stammen kann.

Es ist jedes Mal wieder erstaunlich, welch wunderbare Geschichten so entstehen, und wie lange sich die Kinder diese auch noch später erzählen. Eine Idee ist es, diese Geschichten aufzuschreiben und als Erinnerung in die Mappen der Kinder zu geben. Als Projekt kann diese Art der Geschichten für alle Sinne auch vom Team für die Kinder als Abschlussgeschenk gestaltet werden – eine bleibende Erinnerung.

Eine schöne und sehr sinnliche Erfahrung für die Kinder ist auch das Wandern. Nicht zu verwechseln mit dem Spazierengehen, bei dem man ohne direktes Ziel unterwegs ist. Beim Wandern hat man einen Punkt vor Augen, den es zu erreichen gilt und ist meist etwas länger unterwegs. Ein Wandertag ist immer ein ganz besonderes Erlebnis für die Kinder. Gemeinsam wird er geplant und organisiert, gemeinsam einigt man sich auf ein Ziel. Ein selbst geschnitzter oder verzierter Wanderstock ist immer sehr beliebt und ein treuer Begleiter auf dem Weg. Für die Kinder bedeutet das Wandern zu einem Ziel, sich auf den Weg zu konzentrieren. Gemeinsames Singen, Reimen oder Sprechspiele sind eine wundervolle Bereicherung für diese Art des Unterwegsseins. Es geht natürlich auch darum, die Natur um sich herum zu erleben und die Kinder zeigen sehr schnell, dass sie richtige Entdecker*innen sind. Sie sind mit offenen Augen unterwegs und beobachten sehr detailliert. Immer wieder bin ich erstaunt darüber, wie genau Kinder etwa einen Käfer betrachten. Suchen Sie einmal ein kleines Krabbeltier mit einem Kind und sehen es sich gemeinsam an. Dann vergleichen Sie, was das Kind über den Käfer erzählen kann und was Sie selbst beobachtet haben. So intensiv unterwegs zu sein, wird für die Kinder auch nicht langweilig, denn hinter jedem Baum, hinter jeder Weggabelung wartet etwas Neues darauf, entdeckt zu werden. Und ist man am Ziel angekommen, kann jedes Kind stolz auf sich sein. Es hat wieder etwas Großes geschafft.

„Hallo Wald, geht es dir gut?"

Achtsamkeit gegenüber der Natur

Gelebte Werte im Wald- und Naturraum

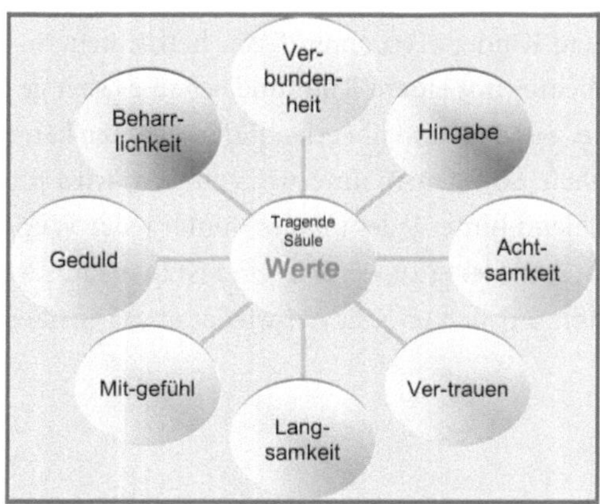

Beobachten wir die Kinder beim Spielen, fällt auf, dass sie sich völlig auf ihr Tun einlassen. Sie sind auf ihre selbstgeschaffene Spielwelt konzentriert. Sie scheinen den Spielfiguren, den Zapfen und den Stöcken, eine Seele zu geben. Kinder agieren achtsam in ihrer kleinen Welt. Äußere Reize, vorgefertigtes Spielmaterial und der Druck von außen stören dieses Spiel. Sie bringen die Kinder nicht selten aus dem Gleichgewicht. Frustration und Aggression häufen sich und die Spielfreude nimmt kontinuierlich ab.

Die Kinder haben ein Recht aufs Spielen, auf ungestörtes Tun und Schaffen. Sie zeigen uns Erwachsenen, mit welch wenigen Dingen ein erfolgreiches, nachhaltiges Spiel möglich ist. Achtung gegenüber der Natur, ein wertschätzendes Miteinander und die Entwicklung hin zu einer wertvollen Persönlichkeit sind individuelle Wesensmerkmale, die uns Menschen ein Leben lang begleiten.

Wie die Kinder ihre Umwelt von klein auf erleben, mit welcher Wertschätzung sie aufwachsen gegenüber allem, was lebt, ist prägend für ihre Entwicklung. Wir Menschen brauchen die Natur, wir sind in der Pflicht, auf sie zu achten und ihr respektvoll zu begegnen.

Und besonders hier greift die Wald- und Naturraumpädagogik. Auf dem Waldboden wimmelt es von Kleinlebewesen. Jeder noch so winzige Käfer, die unzähligen bunten Pilze, die Moose, alles hat seine Daseinsberechtigung. Alles heißt es, zu schützen und damit den Kreislauf des Lebens aufrechtzuerhalten. Bäume dienen als Lebensraum für viele Tiere und Pflanzen, sie bilden eine Lebensgemeinschaft. Wir Menschen brauchen die Natur, und die Natur braucht uns. Und es ist unsere Aufgabe, den Kindern – den Erwachsenen von morgen – diese zu erhalten.

Der Wald – die Bäume – geben uns die Luft zum Atmen, sie speichern das Regenwasser, sorgen für den Wasserkreislauf und damit für unser Trinkwasser. Wasser ist Leben – und Umweltschutz ist unsere Pflicht. Im Waldkindergarten lernen die Kinder, sparsam mit der Ressource Wasser umzugehen.

Kinder spielen mit allem, was der Wald und die Natur kostenlos zur Verfügung stellen und verzichten weitgehend auf Plastikspielmaterial. Strom und Batterien spielen eine untergeordnete Rolle. Die Kinder lernen, im Alltag auf einfache Dinge zurückzugreifen. Wärme gibt ein selbstgemachtes Feuer, eine dicke Decke und warme Kleidung. Eine Kerze spendet Licht und das Wasser aus der Regentonne dient zum Reinigen von Pinseln.

Sich auf das Wesentliche zu besinnen, nicht immer nach mehr, höher und weiter zu streben, macht zufriedener und glücklicher. Es ist an der Zeit, diese wichtige Erkenntnis an unsere Kinder weiterzugeben, sie ihnen auch immer wieder vorzuleben.

Kleine Achtsamkeitsprojekte lassen sich im Waldkindergarten sehr einfach umsetzen, geht es doch um nichts anderes als um Aufmerksamkeit für das Jetzt, für das, was um einen ist. Regen sie die Kinder an, mit offenen Augen einen Pfad entlang zu gehen, sich einfach in das weiche Moos zu setzen und das Krabbeln dort zu beobachten.

Das „Stillespiel" ist eine wunderbare Möglichkeit, achtsam in der Natur zu sein und damit ruhig zu werden, zu lauschen und wahrzunehmen.

Achtsamkeit gegenüber Waldschätzen

Hierzu sucht sich jedes Kind einen Stock und betrachtet ihn ganz entspannt und in Ruhe. Es bewegt ihn in den Händen, betastet ihn mit den Fingern und sieht ihn sich genau an. Dann werden alle Stöcke in die Mitte gelegt. Wer möchte, kann seinen Stock nun für alle anderen beschreiben. Nicht selten gelingt es den anderen Kindern sogar, ihn anhand der Aussagen aus der Mitte heraus zu finden. Das gleiche Spiel lässt sich natürlich auch mit Steinen, Blumen, Rindenstücken und vielem mehr spielen.

Kinder lieben Fantasiegeschichten. Lassen Sie sich ein auf diesen Zauber, besuchen Sie so oft als möglich das Reich der Feen, der Zwerge und Zauberer, schauen Sie bei der kleinen Hexe vorbei und bauen Sie in all die Geschichten Elemente aus der Natur oder aus den täglichen Erlebnissen der Kinder mit ein.

Eine vertrauensvolle Atmosphäre, ein Ort der Geborgenheit, Sicherheit durch Rituale – all dies findet sich in einer werteorientierten Erziehung. Der Wald mit seiner ruhigen, reizarmen Umgebung, den vertraut gewordenen Plätzen und den immer wiederkehrenden Tagesabläufen schafft einen Wohlfühlraum, in dem alle Kinder gerne spielen, wachsen und lernen.

Der Wald ist voller Bäume

Ein Baum findet Verwendung für Brennholz, für Bretter, für Bauholz und vieles mehr. Ich glaube, dass sich kein Baum wünschen würde, jemals in seinem Leben etwa ein langweiliger Schwebebalken zu werden. Da würde er ganz sicher lieber im Wald, bei den Kindern bleiben. Darüber lohnt es sich nachzudenken.

Im Wald ist der Baum ein Spielraum für Kinder. Er dient zum Hangeln, Wippen, Schwingen, Sitzen, Klettern, Rutschen, Liegen, Schaukeln, Rennen, Drehen, Hüpfen, als Platz für liebe Unterhaltungen, zum Rollen, Sammeln, Krabbeln, Lachen, Plumpsen, Schnuppern. Die Liste lässt sich unendlich fortführen. Das alles kann auf nur einem einzigen Baum passieren, dabei wiederholt sich keine der Bewegungen, jeder Schritt und jeder Handgriff ist einmalig. Kein anderes Spielzeug, auch wenn es technisch noch so ausgereift zu sein scheint, auch wenn es für viel Geld Erfolg verspricht, kann sich auch nur im Entferntesten mit einem einzigen Baum gleichstellen. Werfen wir doch einmal einen genaueren Blick auf die flinken Baumwipfelkletterer, auf die Strauchhocker und die Wurzelsteiger. Die Basis für die menschliche Motorik ist neben dem Laufen und Gehen das Klettern, eine ganz natürliche Bewegungsart.

Beim Erobern von Bäumen und Sträuchern erleben die Kinder also Bewegungsabläufe, die sich nie wiederholen. Sie ziehen die Kinder förmlich an und punkten mit einem hohen Aufforderungscharakter. Beim Greifen, beim Steigen, Drehen oder auch beim Halten in den Zweigen und Ästen erspüren die Kinder ihr Eigengewicht und lernen sich selbst einzuschätzen, sie wägen ihr

Können ab und probieren aus. Wichtig dabei ist, dass sie selbst entscheiden, wie weit sie den Baum hinaufklettern oder den Strauch erklimmen wollen. Bei all diesem Tun erleben sie die Natur unmittelbar, das Moos unter ihren Füßen, die Rinde am Baum, das Geräusch der Blätter, manchmal auch ihren Schatten, den Regen oder den Wind. Der Baum ist somit Spielort und zugleich Spielzeug für die Kinder. Das Klettern ist kostengünstig, eigentlich immer umsetzbar und ökologisch unbedenklich. Und der wichtigste Aspekt: Das Klettern stellt eine permanente Risikoschulung für jedes Kind dar. Nichts wie raus und rauf auf die Bäume, die Wurzeln, die Sträucher und in den Wald!

Es liegt auf der Hand, dass verschiedene Sicherheitsaspekte im Zusammenhang mit Bäumen und Sträuchern zu berücksichtigen sind. Jedes Fachpersonal, das die Kinder in den Wald begleitet, steht in der Verantwortung, die Bäume und Sträucher zu kontrollieren. Man kann sich auf Fort- und Weiterbildungen Grundkenntnisse aneignen und mit einem geschulten Blick die gröbsten Gefahren erkennen. Totholzäste, durch Waldarbeiten verletzte Bäume und Sträucher und Holzpolter stellen für Kinder eine Gefahr dar.

Durch anschauliches und nachhaltiges Erklären stellt sich ein vorsichtiges und richtiges Verhalten bei den Kindern ein. Sie wissen dann, dass sich ein Holzpolter beim Beklettern lösen kann, dass ein Stamm mit vielen Baumpilzen, ein Totholzstamm, aufgrund seiner Instabilität zu meiden ist, dass Sträucher, die viele abgebrochene Äste erkennen lassen, eben nicht mehr kräftig genug sind, um die Kletterprofis zu tragen. Außerdem begreifen die Kinder, dass es nichts mit Mut zu tun hat, diese Gefahren herauszufordern, sondern mit Dummheit.

Das Waldgebiet in regelmäßigen Abständen von einer zuständigen Fachkraft aus dem Forstbereich kontrollieren zu lassen, ist sehr hilfreich und gibt Ihnen die nötige Sicherheit für unbeschwerte Klettertouren der Wipfelstürmer. Natürlich können nicht alle Gefahren immer erkannt und auch beseitigt werden. Das soll auch gar nicht so sein und würde zu stark in das Ökosystem eingreifen. Eine angemessene Herangehensweise und die nötige Kenntnis und eine unmittelbare Beseitigung von Notwendigem sind ausreichend.

Inklusion und U3-Kinder im Wald

Sprachförderung, Ergotherapie, Förderung von bestimmten Bedürfnissen, individuelle Fördermaßnahmen für Kinder mit erhöhtem Förderbedarf – die Liste von Fördermaßnahmen für Kinder im Kindergartenalter (und auch davor) ist lang. Und nicht selten berichten mir Seminarteilnehmer*innen, dass sie den Eindruck haben, dass sich immer mehr Kinder in solchen Maßnahmen befinden. Begriffe wie Treibhausförderung, „Hothousing“, eine verhäuslichte Kindheit – im Sprachgebrauch als Verinselung bezeichnet – tauchen immer häufiger auf. Wahrnehmungsauffälligkeiten, ADHS, Kinder, die „aus der Rolle fallen“ sind der Stoff für eine Vielzahl an Artikeln in der Fachpresse.

Entspricht dieser Eindruck tatsächlich der Realität? In welche Richtung bewegt sich unsere Gesellschaft? Was bedeutet es „aus der Rolle zu fallen“? Ist unser aller Ziel nicht der individuelle Mensch, mit all seinen Stärken und Schwächen? Sind wir nicht alle ein Leben lang lernende und lehrende Persönlichkeiten, die sich mit Respekt, Achtung und Toleranz begegnen? Darf ein Kind noch Kind sein? Sich so geben, wie es eben ist? Authentisch? Heißt „die Kinder lieben“, sie zu optimieren? Sie zu formen? Wer gibt uns das Recht dazu und wer bestimmt was „normal“ ist?

Der Schwerpunkt dieses Buches liegt in einem anderen Bereich, und ich möchte an dieser Stelle nur einen kleinen Impuls setzen. Diskutieren Sie diese Thematik einmal im Team und halten Sie sich den Begriff des Kindergartens dabei vor Augen. Bildlich vorgestellt – ein „Garten mit Kindern“. Sie sind die kleinen Pflänzchen, die gehegt, gepflegt und begleitet werden wollen, die aber weitgehend eigenaktiv wachsen. Jedes in seinem ganz eigenen Tempo, jedes mit seinen ganz individuellen Stärken und Schwächen. Jedes einmalig. Wagen Sie ruhig einmal einen Perspektivenwechsel. Sind alle Mitarbeiter*innen im Team identisch? Tragen nicht alle unterschiedliche Ressourcen in sich, die die Arbeit so wunderbar bereichern? Gerade die Unterschiedlichkeit, das Anderssein macht doch ein Team aus!

Zurück zum „Garten mit den Kindern“. Die Natur (der Waldkindergarten) ist das ideale Umfeld für diese kleinen Pflänzchen. Waldkindergärten bieten, ebenso wie die Hauskindergärten, Integrativplätze an. Jedes Kind hat ein Recht auf individuelle Förderung, auf Chancengleichheit, und dem kann auch ein Kindergarten in der Natur gerecht werden. Natürlich ist die Art der Behinderung für den Besuch der Einrichtung entscheidend – nicht alle Bereiche im Waldkindergarten können barrierefrei gestaltet werden. Für Kinder mit schweren körperlichen Beeinträchtigungen kann der Besuch eines Waldkindergartens eher weniger geeignet sein. Hier gilt es, den Einzelfall abzuwägen. Nicht selten sind behinderte oder von Behinderung bedrohte Kinder in einigen Bereichen sogar auffallend gut entwickelt, sodass sie für die anderen Kinder der Gruppe durchaus eine Vorreiterrolle einnehmen können.

Ein Beispiel aus der Praxis

Ein Kind, 6 Jahre, nennen wir es Ella, besucht die Waldkindergartengruppe. Ella hat eine auffallende Wahrnehmungsstörung, kann sich nur schwer in die Gruppe integrieren und wird ständig im sozialen und emotionalen Bereich unterstützt. Sie ist außerordentlich künstlerisch begabt. Ella kann Dinge realistisch zeichnen, verwendet viele bunte Farben und malt sehr gerne und ausdauernd. Eine ihrer Lieblingsbeschäftigungen ist kneten. Sie knetet Tiere, Figuren und Gegenstände originalgetreu. Gegenüber kleinen Kindern verhält sie sich sehr liebevoll und fürsorglich. Und Ella tanzt für ihr Leben gerne, sie bewegt sich rhythmisch, konzentriert und voller Freude. Und diese Potenziale gilt es, zu nutzen. Ella zeigt sich neugierig und wirkt bei ihrem Tun sehr ausgeglichen. Sie fühlt sich wohl und angenommen. Sie entwickelt sich wunderbar. Ella darf so sein wie sie ist – Ella eben.

Nichts spricht dagegen, auch in Waldkindergärten Kinder integrativ zu betreuen. Auch ihnen kann die gleiche Förderung wie in einem Hauskindergarten zukommen. So kann eine Individualbegleitung beantragt werden und natürlich findet sich auch ein Fachdienst, der in den Waldkindergarten kommt.

Es liegt auf der Hand, dass sich die Umsetzung anders gestaltet, angepasst an die Gegebenheiten eben. Da wird dann schon einmal eine Seilbahn mit dem Kind gebaut und die Freund*innen in der Gruppe helfen mit. Ein andermal zimmern sich die Kinder mit der Fachkraft einen kleinen Unterstand oder bauen eine Schaukel. Es gibt unzählige Möglichkeiten, die die Kinder im Naturraum fördern und fordern – und erfolgreich in die Gruppe integrieren können.

Und es bestätigt sich erneut: Spielen ist kinderleicht, und im Spiel erhält das Kind die beste Förderung, es lernt durch und mit dem Spiel. Eine Ergotherapeutin aus meinem Freundeskreis sagte mir bereits vor Jahren, dass Familien, die mit ihrem Kind zu ihr kommen und Hilfe suchen, immer die gleiche Antwort bekämen. Sie sollen in den Wald gehen, sich in der Natur bewegen, draußen spielen. So würden sie ihrem Kind die bestmöglichste Förderung zuteilwerden lassen.

Doch was ist mit den Kleinen? Ab wann ist ein Kind ein Waldkind?

Immer mehr Waldkindergärten integrieren inzwischen U3-Kinder, bieten sogar teilweise zusätzlich eine reine Krippengruppe an, und die Erfahrungsberichte der beschäftigten Kollegen und Kolleginnen sind durchaus positiv. Zu beachten ist, dass die Genehmigung hierfür bei den zuständigen Aufsichtsbehörden liegt.

Für mich stand nie außer Frage, die Gruppe auch für kleinere Kinder zu öffnen. Gerade die kleinen Geschwister, die den großen Bruder oder die große Schwester täglich in den Waldkindergarten begleiten, wachsen mit in die Gruppe hinein. Sie sind mit den Jahreszeiten vertraut, mit dem Tagesablauf, sie kennen die Örtlichkeiten und auch das Personal. Und sie können es immer kaum erwarten, selbst ein Waldkindergartenkind zu werden. Unsere Einrichtung besuchen, stets nach vorheriger Absprache mit der Aufsichtsbehörde, Kinder ab 2,5 Jahren – und es funktioniert wunderbar.

Von einer Aufnahme in den Wintermonaten rate ich persönlich ab, weil gerade Schnee und Eis den kleinen Kindern konditionell eine Menge abverlangen. Aber ansonsten sind sie sehr robust und widerstandsfähig und werden oft von uns Erwachsenen unterschätzt. Ein Waldboden, vom Regen aufgeweicht und glitschig, wird zu einer echten Konzentrationsübung für die Waldzwerge.

Und die anfänglich manchmal auftretenden Berührungsängste sind schnell vergessen. Die kleinen Händchen matschen dann mit Herzenslust in den Pfützen und Schlammkugeln werden lange mitgetragen. Für die müden Phasen haben wir immer einen Bollerwagen dabei, am Platz gibt es Hängematten zwischen den Bäumen und im Bauwagen kann auch schnell ein kleines Kuschelnest für die Kleinen geschaffen werden. Eine altersgemischte Gruppe ist zudem für alle Kinder eine Bereicherung. Alle sind füreinander da, sie lernen voneinander und ergänzen sich gegenseitig – eine kleine Gemeinschaft getragen von Respekt und Wertschätzung.

Das Spiel: Die Hauptbeschäftigung der Kinder

Spielen ist Lernen, und Kinder spielen sich ins Leben. Sie haben ein Recht auf Spiel. Das Spiel ist ein Grundbedürfnis des Kindes. Am 28. Mai ist Welt-Spiele-Tag. Feiern Sie ihn in Ihrer Einrichtung doch einmal mit!

Das Spiel gilt als die ureigenste Ausdrucksform eines Kindes. Über das Spiel setzt sich ein Kind von Anfang an mit sich und seiner Umwelt auseinander. Spielendes Verhalten entwickelt sich aus einer natürlichen Neugier heraus und sollte frei von äußeren Zwängen (und zweckgebunden) sein.

Doch welchen Stellenwert hat das Spiel in der Natur?

Spielen bedeutet, in Bewegung zu sein, und Bewegung stellt die Grundvoraussetzung für die Entwicklung eines Kindes dar. Das Spielen ohne Bewegung ist zum Scheitern verurteilt. Und Kinder bewegen sich gerne, sie lieben es. Sie spielen mal mehr mal weniger aktiv, suchen sich auch gerne mal Rückzugsmöglichkeiten, was im Naturraum wunderbar möglich ist. „Jetzt war mein Kleiner so lange draußen und ist immer noch nicht müde!", hört man oft die Eltern sagen. Kinder sind täglich aufs Neue unterwegs in ihrem riesigen Spielgelände, sie tauchen ein in ein einzigartiges „Forschungslabor". Dabei springen sie durch Pfützen, entzünden ein Lagerfeuer oder beobachten fasziniert die Regentropfen, wie sie in der Sonne glitzernd auf den Waldboden fallen.

Gerade das letzte Jahr vor der Einschulung sollte von solchen Naturerfahrungen geprägt sein. Die oft fremdbestimmten Vorschulaktionen lassen sich wunderbar und nachhaltiger durch einen erlebnisreichen Aufenthalt draußen ersetzen. Und ehrlich gesagt: So ein „Außendienst" tut auch uns pädagogischen Fachkräften sehr gut.

Alles, was Kinder sehen und hören, fühlen, in Händen halten und „be-greifen", wird schnell zum Spiel. Das Anzieh-Ritual am Morgen, das Zubereiten des Marmeladenbrotes zum Frühstück, das Hüpfen durch den Blätterhaufen auf dem Weg zum Kindergarten oder auch die kleine Laufradtour bis zum Waldkindergarten. Überall entsteht ganz von alleine eine Spielehandlung. Kinder wollen dabei entdecken, verstehen, erforschen und auch riskieren. Sie nehmen dabei ihre eigenen Grenzen wahr und erleben ihre Stärken und Schwächen.

Etliche Studien belegen mittlerweile, dass Kinder, die viel und intensiv spielen, sich in allen Kompetenzbereichen sehr gut entwickeln. Über das Spielen findet ein riesiger Wissenserwerb statt und einfach nur spielen wirkt sich äußerst positiv auf das seelische Wohlbefinden aus. Und wer viel und intensiv spielt, der braucht auch Ruhe und Entspannung, und die findet man wunderbar in Stille- und Achtsamkeitsübungen, auch einer Art von Spiel.

Überall auf der Welt wird gespielt, natürlich auch bei den Wurzelzwergen. Begleiten wir sie gemeinsam einen Tag lang beim Spielen im Waldkindergarten.

Es ist noch früh am Morgen und so nach und nach kommen die Kinder an. Leni (die Namen wurden geändert) kommt mit dem Laufrad, Max sitzt hinten auf dem Quad von Papa mit einem riesigen Helm auf dem Kopf und Theo tuckert mit dem Traktor an. Das allein liefert schon eine Fülle an Gesprächsstoff.

Als dann alle da sind, geht es mit dem Rucksack auf dem Rücken los in Richtung Waldplatz. Bekanntlich ist der Weg das Ziel und so bleiben wir gleich an der ersten Biegung stehen. Eine Schnecke kriecht langsam über den Weg und zieht einen Teil der Kinder wie magnetisch an. Ein Stück weiter überqueren wir einen kleinen Bach. Da wird natürlich ausprobiert, wie tief das Wasser heute ist. Das lässt sich mit einem Stock messen, aber auch mit den eigenen Gummistiefeln. Und schon wieder haben wir Entdeckerzeit gewonnen!

Am Waldplatz angekommen, laufen die Kinder auseinander. Da wartet die Hütte von gestern auf das Weiterbauen. In der Waldküche muss alles für das Zapfenmenü vorbereitet werden und am Buddelplatz geht es auch gleich richtig zur Sache. Die Kinder finden genügend Zeit und Raum, spielen eigenaktiv und selbstbestimmt. Wir Erzieher*innen geben ihnen die Möglichkeit zum freien Spiel und halten uns ganz bewusst zurück. Wir sehen unsere Rolle als Impulsgeber. Die Zeit, die wir dadurch gewinnen, setzten wir effektiv für Beobachtungen ein.

Der Waldfernseher

„Ich hol mir mal ein paar Bretter von unserem Lagerplatz!“, so läuft ein Junge an mir vorbei in Richtung der Holzstapel. Schwer bepackt mit Latten unter den Armen kommt er zurück und macht sich weiter an die Arbeit. Ich sehe ihm eine ganze Zeit lang zu und bin gespannt, was da wohl entsteht. Mehrmals fällt das Bauwerk in sich zusammen, und immer wieder beginnt der Junge von Neuem. Einmal wird er ziemlich zornig, steht auf, stampft mit dem Fuß auf, um sich dann wieder an die Arbeit zu machen.

„Du kannst jetzt kommen!“, lädt er mich dann ein. Das Holz ist an mehreren Stellen im Waldboden verankert und ein Querholz liegt obenauf. An jeder Seite finden sich zusätzliche Hölzer im Moos fixiert. „Das ist ein Waldfernseher, und du kannst von jeder Seite hindurchsehen, so siehst du immer ein anderes Bild!“, erklärt er mir ganz fachmännisch. Und ich spiele mit! Ich setzte mich auf die eine Seite und blicke durch die Hölzer hindurch. Ein tolles Waldbild eröffnet sich mir. Und dann wechsle ich die Seite, genau nach Anweisung – und ich sehe ein neues Programm, nicht weniger schön.

Auch andere Kinder werden aufmerksam und kommen neugierig näher. Ein kleines Mädchen blickt neugierig in den „Waldfernseher“ und hält sich dabei am oberen Holz fest – und schon fällt alles in sich zusammen. Der Junge kommt auf das Mädchen zu, legt ihm die Hand auf die Schulter und meint: „Ach, das macht nichts, das kann ich ganz schnell wieder reparieren!“

Spüren Sie es beim Lesen? So wunderbar und wertvoll ist das freie Spiel. Die Kinder wachsen an den Herausforderungen, sie spielen konzentriert und ausdauernd. Spielerisch sammeln sie Erfahrungen und werden so zum Forscher und Tüftler. Und sie bringen mich zum Staunen!

Der Wald ist ein riesiger, großer Spielplatz und bietet eine Fülle an Möglichkeiten für

Selbstwirksamkeit und Kreativität

- Stellen Sie ein paar aussortierte Töpfe und Pfannen zur Verfügung (Hier lohnt sich eine Bitte an Eltern und Großeltern, Sie glauben gar nicht, welche Schätze hier gespendet werden). Die Kinder benutzen sie zum Kochen, Musizieren, Balancieren, Konstruieren, Wiegen und Messen, …
- Auf den Streifzügen durch die Natur finden sich Materialien in unerschöpflicher Vielzahl: Stöcke, Äste, Moos, Steine, Wurzeln, Gräser, Rindenstücke, Zapfen und vieles mehr. Der Kreativität sind keine Grenzen gesetzt.
- Ein Baumstamm wird zum Flugzeug, viele Äste und Zweige zur Räuberhöhle, aus kleinen Stöckchen entsteht eine Zwergenstadt und Zapfen bekommen eine kleine Filzmütze und lachen uns als Zwerg an.

Ästhetische Bildung

- Bäume und Sträucher eignen sind wunderbar als Webrahmen.
- Binden Sie vier Stöcke in Form eines Viereckes zwischen zwei Bäume und bespannen diese mit einer Schnur. Alles was sich im Wald finden lässt, kann hineingewebt werden.

Empathie und Mitgefühl

- Durch Spaziergänge und Wanderungen erleben die Kinder die Natur besonders intensiv. Sie kommen in Kontakt mit der Pflanzen- und Tierwelt. Haben Sie immer ein Bestimmungsbuch zur Hand, um auftauchende Fragen gemeinsam mit den Kindern klären zu können. Bleiben Sie ehrlich und authentisch. Nicht auf alle Fragen finden sich gleich Antworten, dann geben Sie dies auch genauso wieder. Es ist ein Zeichen von Stärke, zu seinen Schwächen zu stehen.

Ein Verantwortungsgefühl gegenüber der Natur

- Seien Sie Vorbild im achtsamen und respektvollen Umgang mit allem, was die Natur zur Verfügung stellt. Wir nehmen uns von jeder Pflanze nur einen kleinen Teil, wir sammeln überwiegend Dinge, die wir auf dem Boden finden. Wir achten darauf, nicht mutwillig zu zerstören. Wir gehen mit offenen Augen durch die Natur.

Kleine Füße, große Sprünge, es ist so aufregend, einfach loszulaufen und die Welt spielerisch zu entdecken, voller Tatendrang und Neugierde. Es liegt an uns, den Kindern die Möglichkeiten dazu zu geben. Das nächste Abenteuer ist bereits in Sicht.

Vorbereitung auf die Schule im Rahmen der Waldpädagogik

Es sind immer die gleichen Fragen, die bei ersten Kontakten mit Interessenten gestellt werden: „Lernen die Kinder im Waldkindergarten eigentlich genug? Sind sie den Anforderungen der Schule gewachsen? Können sie denn überhaupt stillsitzen?“

Mittlerweile weiß man, dass solche Befürchtungen haltlos sind. Mittlerweile gibt es unterschiedliche Studien zu Wald- und Naturkindergärten, die verdeutlichen, dass Kinder, die einen Waldkindergarten besucht haben, in ihrer Entwicklung denen aus Regeleinrichtungen teilweise sogar überlegen waren (Häfner 2002).

In der Vergangenheit habe ich immer im Frühjahr die Eltern der eingeschulten Kinder aus dem Waldkindergarten und die Lehrkräfte an den Grundschulen, die diese Kinder unterrichten, zu einem Informationsabend eingeladen. Der interessante und rege Austausch hat meine Eindrücke diesbezüglich erneut bestätigt. Die Kinder könnten sich besser konzentrieren, sie würden an einem Problem ausdauernder arbeiten und Lösungen finden, sie sind vom allgemeinen Befinden stabiler, und im sozialen Miteinander sehr kooperativ und wertschätzend, so die Aussagen seitens der Schule. Die Antwort einer Mama bringt mich noch heute zum Schmunzeln. Sie meinte, Ihre Tochter – ein ausgesprochen glückliches Waldkind – gehe sehr gerne zur Schule. Sie sei immer ganz stolz, wenn sie Fragen der Lehrerin über die Tiere und Pflanzen beantworten kann, weil sie das ja schon im Kindergarten gelernt hätte. Nur würde das Mädchen einfach nicht verstehen, dass die Pause in der Aula stattfinden soll, nur weil es draußen regnet!

Aber keine Sorge, die Kinder kommen sehr gut zurecht mit den neuen Gegebenheiten. Schließlich sind sie nun Schulkind und neugierig auf die neuen Erlebnisse und Erfahrungen, die sie sammeln werden.

Ein Satz von Herbert Renz-Polster macht deutlich, auf was es ankommt, wo die Wertigkeiten liegen, wie wichtig „Wurzeln“ sind: „Wir werden Menschen brauchen, die wie Bäume in echten Wäldern wachsen! Mit dichtem Holz, guter Rinde, lebendige, widerstandsfähige, sozial kompetente, kreative Menschen. Menschen mit einem Fundament eben!“

Und eben diese Wurzeln wollen wir unseren Kindern mit auf den Weg geben. Gerade die Waldpädagogik bietet dazu die allerbesten Bedingungen. Es geht eben nicht darum, um Bäume zu laufen oder nur im Matsch zu sitzen. Das intensive Erleben der Natur und die Wahrnehmung der Jahreszeiten mit allen Sinnen schafft einen unerschöpflich großen Raum für die Entwicklung.
Die Natur selbst ist ein wertvoller Erzieher, der besonders die Kreativität eines Kindes anspricht. Und aktive, kreative Kinder sind wissbegierige Kinder.

„Schulfähigkeit" – der Übergang vom Kindergarten in die Grundschule – ist auch in der Waldpädagogik ein fest verankerter Bildungsschwerpunkt. „Waldkinder" sind immer in Bewegung, sie besitzen ein starkes Immunsystem und sind körperlich besonders stabil. Der Wald und die Natur, die die Kinder täglich erleben und in denen sie sich bewegen, schafft außerdem beste Voraussetzungen für eine emotionale Ausgeglichenheit. Der Alltag der Kinder beinhaltet intensives Beobachten oder Sammeln, Ordnen oder Experimentieren. Ihr selbstaktives Verhalten fördert zahlreiche Bereiche in der Entwicklung der Kinder. Die feste Struktur eines Waldkindergartens und die zugrunde liegenden Konzepte sind ebenfalls intensiv auf die Förderung der Basiskompetenzen ausgerichtet.

Trotz allem gibt es im Waldkindergarten auch Bereiche, die unter Umständen nicht im gleichen Ausmaß gefördert werden können, wie es in einer Regeleinrichtung der Fall ist. Der Umgang mit Schere, Stiften und Kleber ist wetterabhängig, ebenso der Einsatz von Puzzeln oder „Tischspielen". Das Interesse an Zahlen, Farben und Formen zu wecken, der Umgang mit Sprache und all den anderen Bereichen ist auch im Wald jederzeit möglich. Die Natur bietet dafür die allerbesten Voraussetzungen.

Die Zusammenarbeit mit den Eltern ist geprägt von Offenheit und regelmäßigem, intensiven Austausch. Gemeinsam werden Aktionen und Projekte geplant und organisiert, und dann miteinander durchgeführt. Der Waldkindergarten ist ein intensiver Ort der Begegnung – was eine lebendige und warme Atmosphäre schafft, und nicht selten zu einer „Waldfamilie" zusammenwächst. Diese intensive gemeinsame Begleitung gibt den Kindern Sicherheit und Geborgenheit. Sie fühlen sich angenommen, ernstgenommen und einfach „richtig gut". Der beste Weg, „schulreif" zu werden.

Bei Elternabenden und Elterngesprächen hat sich der Einsatz eines Entwicklungsbaumes bewährt. Im Laufe der Kindergartenzeit füllen sich die Wurzeln, der Stamm und schließlich auch die Krone mit den Stärken des Kindes. Die Eltern und das Team lassen den Baum gemeinsam wachsen. Auch das Kind kann dabei mit einbezogen werden. Damit lässt sich die Entwicklung wunderbar visualisieren.

Die Waldpädagogik beinhaltet auch die Kooperation mit anderen Institutionen – es werden öffentliche Einrichtungen der Stadt besucht, man macht Exkursionen zu den Regeleinrichtungen. Auch der Kontakt zu Fördereinrichtungen wird gepflegt – ebenso ist eine gute und fruchtbare Zusammenarbeit mit den Grundschulen üblich. Besuche seitens der Lehrkräfte mit den Schulklassen und Exkursionen in die Schule sind nur zwei Beispiele aus dem Alltag von Waldkindergärten.

Zum Thema „Waldkindergarten" gibt es bereits die unterschiedlichsten Studien, die sich mit dem Thema „Schulreife" befasst haben und dies immer noch tun. Hier einmal näher hinzusehen verspricht, interessant zu werden – es lässt sich aber schon jetzt erkennen, dass die Waldkinder den Vergleich mit Kindern aus dem Regelkindergarten nicht scheuen müssen.

Vorschule im Waldkindergarten

„Die Waldkobolde"

Bin putzig anzuschaun, mein Fell ist weich und braun.
Mein Lebensraum das ist der Baum, dort spring ich,
so schnell schaust du kaum.
Kobel heißt mein Haus, wie ein Nest sieht es aus.
Im Winter schlaf ich dort, doch nicht in einem fort.
Weil mich der Hunger weckt, hab Leckereien ich
versteckt.
Zapfen, Eicheln, Nüsse klein, was ich nicht
finde wird ein Baum bald sein.

„Vorschule" – das ist die Zeit „vor der Schule"! Jeder Wurzelzwerg, der zu uns in den Kindergarten kommt, ist somit vom ersten Tag ab bei uns ein „Vorschulkind"! Unsere Aufgabe ist es, die Neugierde und die Lust am Lernen wach zu halten und so die besten Voraussetzungen für einen guten Übergang in die

Schule zu schaffen. Ab dem fünften Geburtstag begleiten wir die Kinder ganz besonders bei diesem wichtigen Schritt. Dann ist auch die Zeit gekommen, in der aus dem Wurzelzwerg ein „*Waldkobold*" wird. Genauso werden übrigens im Tierreich oftmals die Eichhörnchen genannt, und die gibt es sehr zahlreich bei uns im Waldkindergarten. Überall entdecken wir ihre Spuren. Sie sind ganz wunderbare Kletterer und ihre Lieblingsbeschäftigung ist das Spielen, wobei sie gern auf sich aufmerksam machen, auch wenn man sie nicht gleich dabei entdeckt. Eichhörnchen kennt man aber auch als kleine Räuber, die immer zu einem Schabernack aufgelegt sind, ohne Schaden anzurichten. Eichhörnchen spielen zudem eine wichtige Rolle bei der Erneuerung des Waldes. Sie vergraben ihre Wintervorräte und wenn sie sie nicht mehr finden, wachsen überall im Wald neue kleine Bäume.

Na, man kann doch die eine oder andere Gemeinsamkeit von Eichhörnchen und Kindern entdecken, nicht wahr? Liebevolle kleine Wesen, die keinem Böses wollen, immer unterwegs sind, gerne spielen, immer gern dazulernen möchten, und Gutes tun… so war der *Waldkobold* bei uns Wurzelzwergen geboren.

Im Waldkindergarten gibt es jede Woche ein Koboldtreffen. Die Kinder arbeiten dann an Projekten. Ihre eigenen Ideen werden ebenso aufgegriffen wie feste Angebote, immer aber die Eigenkreativität und die Selbstwirksamkeit im Fokus. Themen aus dem lebenspraktischen Bereich (z. B. Pflanzen und Tiere des Waldes) wechseln sich unter anderem mit Schwerpunkten aus dem Mathematischen, Kognitiven oder Naturwissenschaftlichem ab. Auch das Philosophieren bekommt viel Raum. So entwickeln die Kinder vielleicht eine eigene Geschichte, die mit einem selbstgestalteten Bilderbuch enden kann.

Die Waldkobolde übernehmen aber auch zunehmend Verantwortung, für andere Kinder oder auch in alltäglichen Dingen. Aufgaben, bei denen sie sich regelmäßig abwechseln, sind immer sehr beliebt. Beispiele sind das *Wetterkind*, welches den Wetterkalender bestückt, oder auch das Schlagen der Glocke, um Informationen an die Gruppe weiterzugeben. Patenschaften bei neuen Kindern, Wegbegleiter beim Wandern, Büchereidienst, … Es gibt unzählige Möglichkeiten, bei denen sich die Kinder gerne aktiv und verantwortungsvoll einbringen. Gerne greifen wir auch die wundervollen Ideen der Kinder auf: Wir unternehmen gemeinsam eine Abenteuerwanderung und versuchen, uns dabei durch schwieriges Gelände zu bewegen. Ein andermal führen wir einen richtigen „Schultag" im Wald durch. Dann schreiben und malen wir auf Schiefertafeln und die Kinder spielen dabei schon mal den Lehrer oder die Lehrerin.

Es gibt unzählige unterschiedliche Vorschulmodelle. Wichtig ist es, sich immer vor Augen zu halten, dass die Vorschule nicht erst im letzten Kindergartenjahr beginnt. In Gesprächen mit Lehrkräften wurde für mich im Laufe der zurückliegenden Jahre eine wichtige Erkenntnis immer deutlicher: Verantwortung gegenüber den Anderen, Empathie und ein gesundes Selbstbewusstsein machen einen wesentlichen Teil der Schulreife bei unseren Kindern aus. Halten wir uns vor Augen: Schule bleibt Schule und Waldkindergarten bleibt Waldkindergarten.

Und jedes Jahr startet dann wieder ein neues *Kobold-Jahr* mit vielen Erlebnissen, Lernerfahrungen, Aktionen und Fortschritten für jeden Wurzelzwerg. *Der Weg ist das Ziel…* gemeinsam buddeln wir nach Talenten und Begabungen jedes Einzelnen – wie die Eichhörnchen nach ihren Wintervorräten.

Kobolde unterwegs. Ein Projektbeispiel

Wir haben dieses Projekt als Schulpost an die Kinder weitergegeben. Sie sind immer besonders stolz, wenn sie persönlich Post bekommen. Vielleicht wollen Sie aber auch die Idee der Familienpost umsetzten. Dann versenden Sie den Koboldbrief nach Hause und bitten Mama und Papa, diese lehrreiche Sinneswanderung mit ihrem *großen Kindergartenkind* zu unternehmen. Oder Sie laden im Zuge der Kooperation mit den anderen Kindergärten die künftigen Schulkinder von dort in Ihren Waldkindergarten ein.

Lieber Kobold,
richtig tolle Wintertage liegen hinter uns. Bestimmt hattet ihr zuhause auch so viel Spaß wie wir Wurzelzwerge beim Schlittenfahren, beim Eiszapfen sammeln, beim Schneemann bauen oder auch beim Malen und Werkeln mit Schnee. Am meisten Spaß im Winter macht übrigens immer das Spurensuchen. Habt ihr das schon einmal ausprobiert? Und was habt ihr alles entdeckt? Auch im Frühling macht das ganz besonders viel Freude und wir lernen eine Menge dabei. Wir nehmen euch einfach einmal mit: Jeder von euch macht sich auf Spurensuche, auf eine Sinneswanderung!

- Die Kinder haben Spaß am „Draußensein“ und können sich wunderbar auf eine Aufgabe konzentrieren.
- Sie erleben die Natur mit allen Sinnen und lernen ganzheitlich und nachhaltig.
- Zusammenhänge werden erlebt und prägen sich ein, werden verstanden.
- Die Kinder halten sich ihre Neugier lebendig und verankern so ihre Lernerfahrungen.

- Sie erforschen, experimentieren und gehen den Dingen auf den Grund, sie suchen und finden Lösungen und erlangen ein gesundes Selbstwertgefühl.

Und jetzt geht es los in ein neues Koboldabenteuer!

Kennst du das Spiel „Ich packe meinen Rucksack und nehme mit"? Pass auf, du packst dir einen Rucksack und nimmst mit:

- eine leckere Brotzeit und eine warme Kanne Tee
- ein Sitzkissen
- einen Stift, Wachsmalkreiden, mehrere Blätter Papier und eine Klarsichthülle
- Vielleicht darfst du ja das Handy deiner Erzieher*in für ein Foto benutzen.
- Vielleicht nimmst du auch eine Lupe und/oder eine Taschenlampe oder auch ein Becherlupenglas mit, das braucht man eigentlich immer.
- ein Schnitzmesser, falls du Lust aufs Schnitzen hast
- eine bunte Schnur
- Vielleicht hast du ein Bestimmungsbuch (z.B. zur Pflanzenbestimmung).
- eine Dose mit Deckel als Sammelbox

Bevor du startest, schau wie das Wetter ist. Dementsprechend ziehst du dich an und auf geht's!

Spurensuche/Sinneswanderung in der Natur!
Was du machst, ist ein Spiel, bei dem du ganz viel lernen wirst.

Folgende Aufgaben darfst du jetzt durchführen! Die Reihenfolge kannst du ganz alleine bestimmen – achte aber darauf, alle Punkte abzuarbeiten. Du kannst sie in dem kleinen Kästchen abhaken. Die fertigen Objekte kannst du dir in einem Ordner sammeln, und immer wieder ergänzen. So erhältst du eine schöne Erinnerung an deine „Vorschulzeit".

- Starte doch mit einem lustigen Vers, den du dir ganz leicht merken kannst:
- Draußen tobt der Bär – da springen wir hinterher!
- Wir hüpfen über Wasserpfützen – und werden über Wiesen flitzen.
- Wir schnüffeln jeden Duft – und schauen in die Luft.
- Wir lauschen still – ganz leis – und sitzen dann im Kreis.
- Und hungrig wie die Spatzen beginnen wir zu schmatzen.

FÜHLEN: Eine achtsame taktile Wahrnehmung fördert das Kind in seiner Sprachentwicklung.
Wie fühlt sich Erde an? Und wie ein kleiner Fichtenbaum? Vielleicht streifst du auch ganz sacht über eine Wiese. Und wie fühlt sich die Rinde eines Baumes an?

Versuche doch einmal, dies herauszufinden und zu beschreiben. Vielleicht möchtest du ja jemanden bitten, es für dich aufschreiben – Papier und Stift hast du ja dabei.

Jetzt nimm dir ein Blatt Papier, suche dir einen Baum und fixiere das Blatt mit der Hand an der Rinde. Mit einer Wachsmalkreide kannst du nun das Rindenmuster auf das Papier durchrubbeln (Das Blatt nimmst du dir für deine Mappe mit nach Hause, vielleicht magst du dazu schreiben, welchen Baum du da „gerubbelt" hast.)

RIECHEN: Wir Menschen erinnern uns sehr lange an Gerüche, manchmal sogar ein Leben lang.
Atme doch einmal ganz tief ein – und wieder aus – und wieder ein. Vielleicht magst du die Augen dabei schließen. Was riechst du? Versuche, den Duft zu beschreiben. Du wirst merken, dass das gar nicht so einfach ist. Nimm doch verschiedene Naturmaterialien in die Hände und schnuppere daran, einen Stock, eine Handvoll Moos, ein Stück Rinde. Die Dinge legst du neben dich. Dann kannst du ja mal die Augen schließen und blind an einem Stück davon riechen. Erkennst du, was es ist? Male deine Fundstücke auf ein Blatt Papier und kennzeichne, welche du am Geruch erkannt hast.
Suche dir einen Lieblingsduft – gibt es auch einen Duft, den du gar nicht magst?

SEHEN: Das achtsame Sehen eignet sich sehr gut, um die Kinder zum bewussten Hinsehen zu animieren.
Sammele folgende Dinge:

- etwas Zackiges
- eine Knospe von einem Strauch/Baum
- ein Stock, der so lang wie deine Hand ist
- einen Zapfen
- einen Stein, der in deiner Hand Platz findet
- etwas Glattes
- etwas Braunes
- etwas Weiches
- etwas Stacheliges
- etwas Glitschiges

Jetzt lege all die Dinge auf einen Baumstumpf oder einen freien Platz. Deine Freunde, Mama und Papa spielen mit: Einer nach dem anderen kommt an die Reihe und nimmt einen Gegenstand fort. Nun ratet mal, welcher fehlt? Man nennt dies ein „Kimspiel"!

Pack dir einen Teil davon in den Sammelbehälter, um ihn zu Hause zu pressen. Dann kannst du später alles in deine Mappe heften.

Wenn du im Wald unterwegs bist, dann schau dich doch einmal um. Vielleicht findest du einen Baum, der genauso jung ist wie du? Such dir dazu einen Baumstumpf und zähle die Jahresringe, ein dunkler und ein heller bilden immer ein Jahr.

HÖREN: Beim achtsamen Hören und Lauschen werden Sie staunen, wie viele Geräusche uns tatsächlich begleiten.
Mach es dir so richtig bequem, schließe die Augen und höre auf die Natur um dich. Nun überlege, was hast du alles gehört? Male es auf oder lasse es aufschreiben. Du wirst staunen!
Versuche, mit Dingen, die du um dich findest, Musik zu machen und höre genau hin: Jeder Stock klingt anders. Vielleicht möchtest du ein kleines Konzert aufführen.

SCHMECKEN: Erst durch das Zusammenwirken mehrerer Sinne entsteht der eigentliche Geschmack. Deshalb ist es so wichtig, sich zum Essen ausreichend Zeit zu nehmen.

Jetzt kommt der Rucksack ins Spiel: Nach dieser spannenden und erlebnisreichen Sinneswanderung suchst du dir nun ein gemütliches Plätzchen – vielleicht unter einem Baum oder wo es dir sonst gefällt – und dann pack deine leckere Brotzeit aus und genieße.

Du hast ja auch noch eine bunte Schnur eingepackt. Die bindest du locker um einen Baum und schmückst ihn mit allerlei schönen Dingen. So sagst du „Dankeschön" an die Natur und machst allen, die vorbeimachst kommen, eine Freude.

Sicherlich hat dies den Kindern eine Menge Spaß gemacht und sie werden sich noch lange an diese schönen Erleblange an diese schönen Erlebnisse erinnern.

Projektbeispiele:

Streitschlichter

Über einen längeren Zeitraum hinweg beschäftigen sich die Kobolde intensiv mit dem Thema „Streit". Dabei haben sie die Aufgabe, Beobachtungen aus der Gruppe in ihrer Koboldstunde zu schildern und gemeinsam an Lösungsvorschlägen zu arbeiten. Ein kleines Kuscheltier als Symbolfigur begleitet die Kinder dabei. Es kann als Vermittler in Konflikten agieren und ein guter und wichtiger Begleiter in der Entwicklung der Sozialkompetenz sein.

Die Sprechhexe

Ein alter, morscher Baumstamm dient als Hexenhaus der Sprechhexe, die dort mit ihrer Eule lebt. Diese ist allerdings sehr oft irgendwo im Wald unterwegs, um nach dem Rechten zu sehen. Wenn sie jedoch bei der Hexe zuhause ist, dann sitzt sie am Fenster und sieht hinaus.

Aus kleinen Ästen haben wir mit den Kindern Fenster und eine Türe gebaut und den Stamm rundherum kreativ gestaltet. Wir Erzieher*innen setzen zu gegebener Zeit das Bild einer kleinen Eule in ein Fenster und sobald die Kinder dies entdecken, besuchen wir die Sprechhexe. Dann spielen wir lustige Sprechspiele, singen Lieder, reimen und vieles mehr. Wir spielen mit der Sprache, mit Buchstaben und Wörtern. Und die Kinder haben die Hexe und ihre Eule ins Herz geschlossen.

Die Waldschule

Der ganze Wald ist voller Bäume. Wir haben ein kleines Gelände für eine Waldschule ausgesucht. Dort hängt ein Schild mit bunten Buchstaben und ein kleiner Kreis bietet die Möglichkeit für kurze Beschäftigungen im Sitzen. Mit Kreide malen wir Ziffern auf die Baumstämme. Damit lassen sich die unterschiedlichsten Ideen umsetzen.

- Nennen Sie eine Zahl: Die Kinder laufen zum entsprechenden Baum.
- Schreiben Sie eine Zahl auf ein Stück Pappe. Die Kinder suchen sich den entsprechenden Baum.
- Nennen Sie eine Zahl: Die Kinder sammeln sich entsprechend an einem vereinbarten Ort. Bei der Zahl drei laufen drei Kinder zusammen.
- Nennen Sie eine Zahl: Die Kinder selbst schreiben die angesagte Zahl auf einen Baum.

- Schreiben Sie eine Zahl auf ein Stück Papier: Die Kinder malen mit Kreide so viele Striche an den Baum, wie die Zahl anzeigt.

Legen Sie mit den Kindern einen großen Kreis aus Ästen auf den Boden. Teilen Sie diesen mit kleinen Stöcken in mehrere Felder auf. Schreiben Sie im Vorfeld auf kleine runde Holzscheiben jeweils eine Ziffer und legen je eine davon in ein Kreisfeld. Nun haben die Kinder die Aufgabe, die Felder zu füllen. Bei der Zahl Vier sind vier Waldschätze in das Feld zu sammeln. Steigern Sie die Aufgabe, indem Sie sich vier verschiedene Schätze wünschen.

Lassen Sie Ihren Ideen freien Lauf und beziehen Sie auch unbedingt die Einfälle der Kinder mit ein. Es macht ihnen sehr große Freude, Aufgaben zu stellen und gegenseitig zu erfüllen. Natürlich gibt es am Ende dieser Koboldstunde eine kleine Belohnung für die Zahlenkönige. Ein Zapfen, aufgefädelt an einer bunten Schnur, als kleine Waldkette ist da schnell gemacht.

Ich konnte mit genau diesen Waldketten einmal eine besonders schöne Erfahrung machen, die ich gerne an Sie weitergebe. Die Kinder hatten sich ihre Ketten stolz um den Hals gelegt und sich gegenseitig bewundert. Bis ein Junge meinte, dass doch eigentlich die Bäume, die in der Waldschule stehen auch eine solche Kette verdient hätten. Kurzer Hand nahm er seine Kette ab um sie dem Baum mit der Zahl Sechs umzuhängen. Die Schnur aber war zu kurz. Er überlegte ein bisschen, sah nach oben, begann, die Schnur mit dem Zapfen wie ein Lasso zu schwingen und warf sie nach oben in die Äste. Sie kam zurück. Er versuchte es wieder und wieder, bis sie sich oben verhakt hatte. Er hatte es geschafft und strahlte über das ganze Gesicht. Und ich auch – wir hatten ein neues Geschicklichkeitsspiel. Versuchen Sie es einmal, es ist nicht so einfach, wie es sich liest. Geduld, Ausdauer und ein gehöriges Maß an Konzentration sind erforderlich, nachdem vorher mit geschickter Fingerfertigkeit der Zapfen am Band befestigt werden muss. Lernabenteuer pur.

Die Waldmappe der Wurzelzwerge

Zu Beginn der Kindergartenzeit bekommt jeder Wurzelzwerg einen grünen Ordner geschenkt. Dieser wird im Laufe der Jahre zu einer wertvollen Sammelmappe. Zu einem Portfolio, gefüllt mit allerlei Kunstwerken, Fotos, Lerngeschichten und Erlebnissen. Sie ist das ganz persönliche Eigentum des Kindes und wird zunehmend eigenständig benutzt. Das Kind alleine entscheidet, wer die Mappe ansehen darf und auch wann. Es lernt mit individueller Unterstützung die richtige Handhabung. Das beginnt bereits beim ordentlichen Einschieben der Werke in die Folien. Dann übt das Kind das Bedienen der Hebelmechanik und des Blattniederhalters. Es hat sich bewährt, alle neuen „Dokumente" immer obenauf zu heften, dies ist für die Kinder leichter zu handhaben. Außerdem fallen so stets die aktuellen Ereignisse gleich ins Blickfeld des Betrachters. Diese Portfoliomappe ist von großer Bedeutung für jedes einzelne Kind. In den Lerngeschichten erfährt es eine große Wertschätzung, und durch das Betrachten vertieft es seine neu gewonnenen Fähigkeiten und Kenntnisse. Ziel ist es, dass jeder Wurzelzwerg seine Mappe sehr gut kennt, anhand der Fotos die dazugehörige Geschichte wiedergeben, und die Entstehung seiner Kunstwerke beschreiben kann. Die Kinder selbst erkennen ihre zunehmenden Kompetenzen, werden dadurch selbstbewusster und selbstsicherer. Für uns Erzieher*innen lässt sich der individuelle Lernweg nachvollziehen und die Eltern können wunderbar mitverfolgen, wie sich ihr Kind entwickelt.

Bei uns im Waldkindergarten hat sich die Verwendung von Klarsichtfolien bewährt. Dadurch sind alle „Schätze" gut geschützt. Die besondere Beanspruchung im Wald ist auch der Grund dafür, dass sich die Mappen einen Großteil des Jahres zu Hause befinden. Über die Sommermonate von Mai bis Oktober aber werden sie mitgebracht und sind dann im Bauwagen für alle Kinder jederzeit frei zugänglich. Lediglich über die Sommerferien werden sie mit nach Hause genommen. Im Wald führt jedes Kind seine Mappe eigenständig. Es ist selbsterklärend, dass die Kinder ihre Waldmappe auch zuhause weitgehend alleine benutzen und stolz ihre Lernerfahrungen und Erlebnisse mit der Familie teilen. Die Eltern sind hier auch besonders eingebunden und haben großen Dank verdient. Die Kinder erhalten ihre Waldpost bei uns per Mail und die Eltern übernehmen, soweit es ihnen möglich ist, das Ausdrucken. Dies geschieht Datenkonform und mit dem schriftlichen Einverständnis der Eltern.

Wir machen immer wieder die überwältigende Erfahrung, dass sich jedes Kind über seine eigene, ideenreiche und individuelle Waldmappe sehr freut, und wir Erzieher*innen freuen uns mit.

Sprachliche, musikalische und mathematische Grunderfahrungen im Naturraum

Sprachliche Grunderfahrungen

Der ganze Wald scheint voller Geschichten, voller Buchstaben zu sein, und ein großer Teil der Kommunikation geht über die Sprache. Jeder Wunsch und jedes Problem bringt die Kinder in eine soziale Interaktion, die häufig auf kommunikativer Ebene basiert. Wichtig hierfür ist ein gutes Miteinander in der Gruppe, geprägt von Sicherheit und Vertrauen.

Der Sprache kommt im Waldkindergarten eine übergeordnete Rolle zu, und das Sprachverständnis und die Sprechfertigkeit werden dabei sehr gut gefördert. In den Alltag sind zahlreiche Reime und Gedichte eingebunden, Geschichten und Lieder erweitern den Wortschatz und die vielen Entdeckungen regen zum Erzählen und zum Sprechen an. Die Kinder benennen Gegenstände, sie artikulieren Beobachtungen, sie lernen zuzuhören und zu verstehen.

Im Waldkindergarten bleibt durch das umfangreiche freie Spielen viel Zeit für gemeinsame Gespräche oder für das Philosophieren. Auch der Kontakt mit den Buchstaben kommt in der Natur nicht zu kurz. Auf Wegschildern werden sie ebenso entdeckt und wiedererkannt wie auf dem Waldboden. Da liegt plötzlich ein Ast im Moos, der aussieht wie ein großes O. Ein andermal entdecken die Kinder an einer Baumrinde ein A. Sie malen mit Stöcken, die sie in die Wassertonne oder die Regenpfütze tauchen, verschiedene Buchstaben auf die Treppe des Bauwagens, schreiben ihren Namen und lesen es sich gegenseitig vor.

Kinder, die sonst eher zurückhaltend sind, trauen sich in der oft kleinen Gruppe mehr zu. Sie beteiligen sich an gemeinsamen Beschäftigungen und bringen sich immer mehr ein. So gewinnen sie gerade im sprachlichen Bereich eine stetig zunehmende Sicherheit. Durch ihr aktives Mittun machen sie in ihrer Kommunikationsfähigkeit bedeutende Fortschritte. Teilweise erübrigt sich sogar eine therapeutische Unterstützung.

Musikalische Grunderfahrungen

Sprache kann auch wunderbar durch Musik erlebbar gemacht werden. Kinder lieben Musik, sie singen und tanzen unbeschwert und fröhlich. Der Aufenthalt in der Natur ist bestens geeignet, um Musik in vielen verschiedenen Facetten einzusetzen. Im Wald bieten sich den Kindern viele Möglichkeiten, die unterschiedlichsten Geräusche wahrzunehmen. Sie üben sich im Erkennen und Zuordnen des Gehörten und lassen sich darauf ein.

Musik begleitet die Kinder im Waldkindergarten immer und überall. In der Freispielzeit musizieren sie mit allem, was sie draußen finden. Sie verwenden Stöcke als Trommelschlegel, bringen einen Baumstamm zum Klingen und spielen einen Ast als imaginäre Flöte. Die eigene Stimme gibt den Ton. Waldkinder sind viel unterwegs und begleiten ihre Bewegungen gerne mit einem Lied. Neue Texte und Melodien werden gerade beim Laufen sehr schnell verinnerlicht und vertraut. Machen Sie den Versuch! Gehen Sie mit den Kindern im Wald spazieren und lernen dabei ein neues Lied. Es ist erstaunlich, wie schnell sich die Kinder die Melodie und den Text merken und schon nach ganz kurzer Zeit eifrig beim Wandern mitsingen.

Bereits zum Morgenkreis begrüßt sich die Gruppe mit einem vertrauten Lied, vor dem Essen wird gesungen und natürlich, wann immer die Kinder Lust darauf verspüren. Uns als Fachpersonal kommt hier eine wichtige Rolle zu. Wenn wir uns persönlich gerne mit Musik beschäftigen, lassen sich die Kinder umso schneller dazu anregen mit aktiv zu werden.

Sehr beliebt ist das Basteln von Musikinstrumenten, was sich auch draußen in der Natur leicht bewerkstelligen lässt. Ein „Regenmacher“ ist bekannt für seinen beruhigenden und ansprechenden Klang. Benötigt wird eine einfache Küchenrolle, auch die Röhren, auf denen Stoffbahnen aufgerollt sind, eignen sich hervorragend. Fragen Sie doch einmal in einem Gardinenhandel nach. (Am Rande angemerkt: Diese Röhren sind bei den Kindern auch als Baumaterial äußerst beliebt. Aufgrund ihrer Stabilität eignen sie sich hervorragend als Wasserrohre auf der Sand- oder Erdbaustelle.)

Und ganz einfach wird aus den Papprohren ein Musikinstrument. Zuerst sägt man etwa 30 Zentimeter lange Stücke ab. Diese werden rundherum mit Nägeln benagelt, eine gute und beliebte motorische Übung.

Jetzt verschließt man ein Ende mit Klebeband, Karton oder Papier, befüllt das Rohr mit kleinen Steinchen aus dem Wald und klebt auch die zweite Öffnung zu. Nun kann das Regenrohr noch nach eigenen Vorstellungen verziert werden und dann als Musikinstrument zum Einsatz kommen.

Kleine Glöckchen an einem Ast befestigt, lassen eine kleine Rassel entstehen und mit einem Tontopf basteln die Kinder sich eine richtig tolle Trommel. Der Tonblumentopf sollte einen Durchmesser von etwa 15 Zentimeter haben. Butterbrotpapier wird großzügig über die Öffnung gemessen. Es werden mindestens zehn Lagen davon benötigt. Jetzt noch einen Kleister angerührt und es kann losgehen. Eine Lage Butterbrotpapier wird mit dem Kleister bestrichen. Das kann mit dem Pinsel erfolgen, viele Kinder arbeiten hier aber auch gerne mit den Händen. Die Lage nun vorsichtig auf den Topf legen und an den Seiten ankleben. So wird mit jeder weiteren Lage verfahren. Es dauert dann einige Tage, bis alles gut getrocknet ist. Nach Herzenslaune wird die Trommel nun mit Waldschätzen verziert oder auch bemalt. Es ist erstaunlich, wie schön diese selbstgebastelte Trommel klingt und wieviel Freude die Kinder beim Spielen auf ihrem Instrument empfinden.

Musik, das ist weit mehr als Klatschen und Singen. Musik fördert die Entwicklung der Kinder in den unterschiedlichsten Bereichen. Das Kind lernt leichter zu sprechen, sich zu bewegen, einen Rhythmus zu entwickeln, Musik entspannt und beruhigt. Sie macht Freude und bereitet auf die Schule vor, denn sie begünstigt das Lesen- und Schreibenlernen, weil sie die Wahrnehmung der gesprochenen Sprache in ihrer formalen Eigenschaft fördert, die Kinder lernen, richtig zuzuhören.

Rhythmische Abläufe lassen sich in den Tag vielfältig integrieren. Die Kinder klatschen zur Begrüßung ihre Namen. Sie trommeln mit den Händen einen Rhythmus auf ihre Beine. Mit einem Gong rufen sie alle zusammen, das Gongen übernimmt immer ein anderes Kind. Die Brotzeit kann mit einem Vers begonnen und beendet werden. Beim Händewaschen singen die Kinder ein Händewaschlied oder sprechen einen rhythmischen Reim. Die Geräusche und Stimmen in der Natur werden belauscht und versucht nachzuahmen.

Singen Sie so oft als möglich, vertonen Sie den Alltag und machen Sie die Musik zu einem täglichen Begleiter.

Zur Musik im Wald sind im Handel eine Vielzahl von Arbeitsmaterialien zu finden. Kleine Musikgeschichten ebenso wie musikalische Projekte, die die Kinder über einen längeren Zeitraum begleiten können. So wird Musik zu einem nachhaltigen und lehrreichen Erlebnis für die Kinder und auch die Erwachsenen.

Mathematische Grunderfahrungen

Auch die Mathematik ist überall im Wald zu finden. Die vielen Bäume laden zum Zählen ein – Steine, Wurzeln, Baumstümpfe, und vieles andere mehr. „Schau mal, da liegt eine Vier auf dem Boden!", ruft ein Mädchen den Anderen zu. Und bei genauem Hinsehen entdecken wir die Zahl. Die Wurzeln eines Baumes sind in der entsprechenden Anordnung auf dem Waldboden sichtbar. Jeden Morgen, wenn die Kinder am Waldplatz ankommen, schieben sie eine Holzscheibe über eine Schnur und dann wird gezählt, wie viele Kinder heute da sind. Beim Aufbau eines kleinen Sitzkreises werden die benötigten Holzhocker zusammengezählt und für jedes Kind ein Sitzkissen aus dem Bauwagen geholt. Die Trinktassen sind nummeriert und werden entsprechend der Reihenfolge in ein Regal geordnet.

Überall werden die Kinder mit Formen und Mengen konfrontiert, sie sortieren Gegenstände, ordnen Waldschätze im Mandala, es bieten sich unzählige Möglichkeiten. Beim Beladen der Schubkarre begegnen sie spielerisch physikalischen Gesetzen, ein andermal erforschen sie mit Papierfliegern die Schwerkraft. Ein Beispiel aus der Praxis zeigt wie umfangreich sich die Kinder in wichtigen Bereichen entwickeln:

Wie jeden Morgen sind die Kinder zum Waldplatz unterwegs und der Weg scheint ihnen heute viel zu lang. Sie würden gerne die Abkürzung über einen Bach nehmen, doch der ist etwas breit und stellt die Kleineren unter ihnen vor ein Problem. „Wir machen aber immer alles gemeinsam!", sind sich die Kinder schnell einig und beginnen eine Diskussion.
Die Lösung ist schnell gefunden: Sie werden eine Brücke bauen. Natürlich hat niemand einen Meterstab dabei und so wird die Entfernung von einem zum anderen Ufer mithilfe eines Stockes ausgemessen. Ich finde diese Idee einmalig. Am Waldplatz werden Bretter zusammengetragen und der Länge des Messstockes angepasst. Die großen Jungs legen alles auf zwei lange Traghölzer und nageln es gut fest. Noch am selben Tag haben sie die Brücke fertig gebaut. Mithilfe des Bollerwagens wird sie dann mit vereinten Kräften zum Bach transportiert und alle zusammen schieben sie von einer Seite zum gegenüberliegenden Ufer. Sie passt, und die Kinder stehen stolz dabei und strahlen. „Aber eigentlich brauchen wir auch noch ein Geländer, an dem sich die Kleinen festhalten können, und die Brücke darf nur im Gänsemarsch begangen werden!", bemerkt ein Mädchen.
An zwei am Ufer gegenüberstehenden Bäumen, die neben der Brücke sind, befestigen die Kinder nun einen langen Stock. Ein Seil, das wir immer im Rucksack dabeihaben, leistet hier gute Dienste. Und damit ist das Geländer schon fertig und ein „Problem" ist gelöst.

Die Kinder selbst haben diese Situation geschaffen. Sie sind lösungsorientiert und miteinander an das Projekt herangegangen. Alle möglichen Gefahren wurden gut bedacht und besprochen. Und jedes Mitglied in der Gruppe wurde berücksichtigt.

Natürlich war der Bach entsprechend klein und die Gefahren durch uns Erwachsene abgeschätzt. Die Kinder hatten immer das Gefühl, selbstaktiv und eigenständig tätig zu sein. Sie haben gemeinsam ihr Ziel erreicht. Die kleinen Baumeister wurden mit Vertrauen und Wertschätzung in ihr Tun belohnt. Der sprachliche und mathematische Bereich nahm in diesem Projekt einen großen Raum ein.

Partizipation – Ein gelebtes Miteinander

Eine gute Zusammenarbeit mit den Eltern bedeutet ein wichtiges Qualitätsmerkmal für Waldkindergärten. Die aktive Beteiligung, die Mitwirkung an Prozessen in der Einrichtung, zeugt von gegenseitiger Wertschätzung und Vertrauen. Gerade im Hinblick auf die Unsicherheiten und Ängste beim Übergang vom Kindergarten in die Grundschule ist eine gute gemeinsame Begleitung der Kinder ein Privileg. Nehmen Sie die Eltern von Beginn an mit ins Boot. Bieten Sie Hospitationen an, gemeinsame Waldtage mit dem Kind, gemeinsame Projekttage mit anderen Eltern. Geben Sie den Eltern Mitspracherecht und ein Gefühl der Zugehörigkeit. Setzten Sie Ideen der Eltern um, nehmen Sie Vorschläge seitens der Eltern in Ihre Arbeit mit auf. Eine gute und ehrlich gelebte Elternpartizipation wirkt sich sehr positiv auf die gemeinsame Aufgabe aus, das Kind in seiner Kindergartenzeit zu begleiten. Das dadurch entstehende Vertrauen bildet eine sehr gute Grundlage für einen zielgerichteten Austausch.

Gestalten Sie Ihre Arbeit transparent. Gewähren Sie Einblicke in das, was Sie tun. Sie werden schnell merken, dass sich der Mehraufwand lohnt und sich auch bald zu einem Ritual entwickeln kann. Sicherlich ist es Ihnen schon selbst einmal passiert, dass eine Mutter während eines Gespräches folgende Frage an Sie richtet: „Was machen Sie eigentlich jeden Tag im Kindergarten? Mein Sohn erzählt überhaupt nichts!". Klar für uns Pädagog*innen ist, dass viele Kinder nichts erzählen, weil sie ganz einfach davon ausgehen, dass Mama oder Papa ja alles wissen. Und genau hier können wir ansetzen.

Seit Jahren mache ich sehr gute Erfahrungen mit einer regelmäßigen „Zwergenpost" an die Eltern. Immer zum Monatsende erstelle ich einen Rückblick in Form einer kleinen Infobroschüre, die dann per Mail an alle Eltern versandt wird. Darin finden sich wichtige Ereignisse der zurückliegenden Wochen ebenso wie anstehende Termine für den Folgemonat. Ein kleiner Buchtipp gibt Einblick in ein Medium, das zum Einsatz kam, und auch kurze Berichte über gemeinsame Angebote sind nachzulesen. Die Eltern erhalten so die Möglichkeit, durch die Informationen in einen Austausch mit ihrem Kind zu kommen. Die Kinder erleben eine positive Rückmeldung und vertiefen Erlebtes und Erlerntes.

Lebendige Elternabende auf dem Waldplatz sind für beide Seiten immer ein unvergessliches Erlebnis. Unter Bäumen, im Tipi und in der Abenddämmerung lässt sich leicht in die Materie „Wald“ eintauchen und dieser „Gruppenraum“ bietet eine Vielzahl an Möglichkeiten, den Eltern das Besondere an der Natur- und Waldpädagogik zu vermitteln, es erleben zu lassen und weiterzugeben.

Bieten Sie den Eltern eine Stilleübung an oder gehen Sie mit ihnen Waldbaden, als Einstieg in die Thematik der Sinneserfahrungen. Versuchen Sie, mit den Eltern ein Stück unwegsames Gelände zu erkunden, und schaffen Sie dann einen Bezug zur Wahrnehmungsentwicklung und zur Ausbildung der Grob- und Feinmotorik. Legen Sie zusammen ein großes Mandala aus allen Schätzen, die der Wald zu bieten hat. Sie tauchen ein in den Bereich der Ästhetik und lassen das soziale Miteinander erleben.

Merken Sie es? Es ist gar nicht schwierig. Und es braucht auch keine große Vorbereitung von Materialien. Der Wald hält bereits alles in Hülle und Fülle für Sie bereit. Wie wäre es, die Entwicklung eines Kindes statt auf einem Poster an einem echten, verwurzelten Baum im Waldkindergarten zu erläutern? Ich verspreche Ihnen, es wird nachhaltige Eindrücke bei den Eltern hinterlassen.

Die Covid 19-Pandemie hat die Elternarbeit in den Einrichtungen enorm beeinträchtigt und erschwert. Gespräche waren im gewohnten Rahmen plötzlich nicht mehr umsetzbar, aber als wichtiger Teil der Bildungsarbeit erforderlich und notwendig. Aus dieser Problematik heraus ist eine Herangehensweise erarbeitet worden, die in vielen Waldkindergärten schon seit Jahren erfolgreich praktiziert wird. Elterngespräche finden im Freien statt und vorzugsweise sogar in Bewegung. Wie ist das zu verstehen?

Die Eltern kommen zum Gespräch in den Waldkindergarten. Man trifft sich am Waldplatz am großen Sitzplatz um das Lagerfeuer. Je nach Wetterlage kann dieses auch als Wärmequelle dienen. Gute Erfahrungen zeigen auch Elterngesprächswege. Dabei sind die Gesprächspartner auf Waldwegen rund um den Waldplatz unterwegs. Bewegung entspannt und fördert ein offenes und vertrauensvolles Gespräch. Die Rückmeldungen seitens der Eltern sind durchwegs positiv. Sie empfinden die Atmosphäre als freier und gelöster, sie könnten sich konzentrierter auf die Gesprächsinhalte einlassen.

Sicherlich finden Sie im Team noch viele weitere schöne Möglichkeiten der Elternpartizipation. Seien Sie mutig und probieren Sie aus was Ihnen einfällt! Setzen Sie Ihre Ideen in die Tat um.

Die Einbeziehung der Eltern in die tägliche Arbeit in der Einrichtung, die Mitgestaltung und Mitwirkung bei Projekten, lässt sich am folgenden Beispiel gut veranschaulichen.

Zwei Geschwister besuchen den Waldkindergarten. Die Eltern betreiben zusammen mit den Großeltern eine Landwirtschaft. Ihr Hof befindet sich in einem Dorf einige Kilometer von der Einrichtung entfernt. Die Kinder bringen sich mit ihren Erlebnissen häufig in Gespräche der Gruppe ein und es entsteht der Wunsch, den Bauernhof zu besuchen. Wir werden freundlich von der Familie eingeladen und das Projekt geht in Planung.
Als der große Tag gekommen war, werden die Waldkinder am Morgen von ihren Eltern an einen ausgewählten Treffpunkt in der Nähe des Anwesens gebracht. Eine kleine Wanderung von etwa zwei Kilometern über eine Wiese und durch einen Wald soll uns zum Ziel bringen. Unser Gastgeber hatte am Tag zuvor mit seinen Kindern den Weg im Wald mit gelben Bändern markiert. Und seine Kinder sind es dann auch, die die ganze Gruppe an den Orientierungspunkten entlang sicher ans Ziel führen. Sie übernehmen diese Aufgabe mit großem Stolz und sehr gewissenhaft.
Am Bauernhof erwartet die Kinder ein tolles Programm. Sie können sich alle Tiere ansehen und auch beim Füttern helfen, die Fahrzeuge bestaunen, auf riesigen Strohballen klettern und zusammen mit der Oma gute Butter aus Milch machen. Die gesamte Familie ist an dem Projekt mit großer Freude beteiligt. Die Kinder können viele neue Eindrücke sammeln und der Ausflug ist von gegenseitiger Wertschätzung geprägt.

Seither wandert der Waldkindergarten jedes Jahr wieder durch den Wald zum Bauernhof, um sich von den Kindern dort deren Leben zeigen zu lassen, mit dem Bauern auf Entdeckungstour durch den Stall zu gehen und mit der Oma nach alter Tradition Dinge herzustellen. Partizipation, ein gelebtes Miteinander.

3 Strukturen und Prozesse im Waldkindergarten

Im Blickpunkt: Träger, Qualitätsentwicklung, Vernetzung und Öffentlichkeitsarbeit

Jedes Kind ist eine eigenständige und einmalige Persönlichkeit mit eigenen Bedürfnissen und Interessen. Es entwickelt sich und lernt in seinem ganz individuellen Tempo. Neugierig erforscht es seine Umwelt und hat ein Recht darauf, selbst zu entscheiden, was, wann und womit es spielt. Es darf dabei seine eigene Persönlichkeit zum Ausdruck bringen.

Wir Erzieher*innen vertrauen dabei auf die Energie des Kindes, wir achten seine Persönlichkeit, seine Bedürfnisse und sehen uns als Beobachter und Begleiter, als Impulsgeber. Unsere Aufgabe ist es, den Kindern ein ansprechendes und aufforderndes Lernumfeld zu schaffen und eine individuelle Unterstützung zu gewähren.

Den Eltern kommt die Erziehungsverantwortung zu, und die Zusammenarbeit ist von Achtung und Respekt geprägt. Mit der Entscheidung, ihr Kind in den Waldkindergarten zu geben, tragen sie das Konzept mit und haben einen Anspruch darauf, stets aktuelle und umfassende Informationen, die Institution betreffend, zu erhalten.

Kindertagesstätten werden von unterschiedlichen Trägern geführt. Regel- oder Hauskindergärten sind überwiegend auf kommunaler Ebene zu finden. Aber auch kirchliche und freie Träger übernehmen diese Institutionen. Die Aufgabe des Trägers ist es unter anderem, die notwendigen Rahmenbedingungen zu gewährleisten und der Fachlichkeit des Personals zu vertrauen.

Waldkindergärten sind überwiegend vereinsgeführt. Gleichgesinnte schließen sich zusammen und setzen ihre Idee in die Tat um. Hier ist besonderes Engagement und großer Mut erforderlich. Aber meine Erfahrung lehrte mich, dass sich der Weg lohnt. Wichtig ist, dass alle Beteiligten von Anfang an gemeinsam an einem Strang ziehen, dass die Aufgaben klar verteilt und gut strukturiert sind. Waldkindergärten sind zwar immer mehr verbreitet, trotzdem gelten sie in manchen Regionen noch als „unbekannt“ und werden oft Regeleinrichtungen gegenüber als nicht gleichwertig angesehen. Mittlerweile findet sich erfreulicherweise immer mehr Literatur zu dieser Thematik, die Landesverbände leisten sehr gute Aufklärungsarbeit und die Fort- und Weiterbildungsangebote nehmen stetig zu. Angestellte in Wald- und Naturkindergärten sind permanent gefordert, diese besondere Form der Pädagogik zu erklären, zu veranschaulichen und für eine interessierte Öffentlichkeit erlebbar zu machen. Fort- und Weiterbildungen geben Sicherheit, greifen Ressourcen auf und tragen zur Qualitätssteigerung und Qualitätssicherung der Einrichtungen bei.

Hinsichtlich der Betriebserlaubnis und der Vernetzung von Kindertageseinrichtungen ist das Jugendamt in die Struktur eingebunden. Auch für diese Behörde stellt ein Waldkindergarten oftmals „Neuland" dar.

Ich habe großes Entgegenkommen erleben dürfen, um die neuen Ziele verwirklichen zu können. Die Erfahrung, dass wir alle voneinander profitieren und unser Wissen dadurch ständig erweitern, ist für beide Seiten sehr bedeutsam.

Bei der Gründung eines Waldkindergartens stellt sich von Anfang an auch die Frage nach dem Standort. Privatwaldbesitzer stellen Grundstücke ebenso zur Verfügung wie Gemeinden oder Kommunen. In unserer Region findet man sehr häufig in den Staatsforsten einen guten Kooperationspartner. Für sie stellt die Waldpädagogik einen wichtigen Bildungsauftrag dar, und so finden zahlreiche Aktionen unter diesem Schwerpunkt statt. Exkursionen für Kindergruppen und Schulklassen, Waldlehrpfade oder Informationsveranstaltungen sind nur ein kleiner Auszug aus dem umfangreichen Programm. Auch die Unterstützung von Waldkindergärten hat einen hohen Stellenwert. Und so finden viele solche Einrichtungen, beispielsweise auf Gebieten der Bayerischen Staatsforste, ihren Wirkungskreis.

Die Zusammenarbeit des Waldkindergartenträgervereins und des Waldbesitzers sollte von einem wertschätzenden, vertrauensvollen und zukunftsorientierten Miteinander geprägt sein, so fühlen sich das Team, der Träger, die Eltern und vor allem auch die Kinder wohl und angenommen.

Die Idee, einen Waldkindergarten zu realisieren, Kindern und Eltern gleichermaßen diese alternative Pädagogik anzubieten, braucht Mut, Durchhaltevermögen und Standfestigkeit. Aber es lohnt sich, und ich kann nur dazu ermuntern, eigene Visionen Wirklichkeit werden zu lassen. Ich bin davon überzeugt, dass jeder neue Waldkindergarten sehr gute Aussichten auf Erfolg hat.

Generationenübergreifendes Arbeiten

Für mich von unschätzbarem Wert ist die Einbindung der älteren Generation. Unsere Eltern, und vor allem die Großeltern, blicken auf einen reichen Erfahrungsschatz zurück, ein kostbares Potenzial, das wir für unsere Kinder nutzen sollten. Keiner stillt die Neugier und den Wissensdurst mehr als die Oma und der Opa. Die Kinder lauschen den Geschichten und Erzählungen. Eine anfängliche beiderseitige Scheu weicht jedes Mal rasch der Freude im Umgang miteinander. Die Kinder zeigen sich immer sehr liebevoll und empathisch gegenüber den älteren Menschen und lassen jeden Kontakt zu einem äußerst positiven Erlebnis werden. Im Waldkindergarten leben wir mit den Jahreszeiten und den Gegebenheiten rund um uns herum. Die Natur ist wie ein großes Buch – und wer kann uns besser daraus vorlesen als jene, die seit ihrer Kindheit eng damit verwurzelt sind? Noch lebt diese Generation unter uns, und ich sehe es als eine Verpflichtung an, sie in unsere Arbeit, in unser Leben mit einzubeziehen, von ihnen zu lernen und die Entwicklung unsere Kinder durch ihr Wissen zu bereichern.

Und so veranstalten wir in unserer Einrichtung einmal im Jahr einen ganz besonderen Großelterntag. Die Kinder planen dieses Fest und treffen die Vorbereitungen dabei sehr eigenständig. Es hat sich ein Konzept entwickelt, das von Jahr zu Jahr in seinen Grundzügen zum Einsatz kommt.

Der Oma-Opa-Tag bei den Wurzelzwergen

Alle sind ziemlich aufgeregt, die letzten Vorbereitungen sind getroffen, alles ist wunderschön geschmückt und auch die Tische sind liebevoll mit Waldschätzen gedeckt. Am Morgen schon haben die Muttis und Papas Kaffee und Kuchen angeliefert und unser „Tag“ kann beginnen.

Es ist neun Uhr, als die Kinder zum Parkplatz gehen, um ihre Großeltern abzuholen. Gemeinsam gehen sie dann Hand in Hand zum Waldplatz. Nun widmen sich die Kinder ganz ihren Gästen. Stolz zeigen sie der Oma ihre Lieblingsspielplätze, der Opa darf sich ansehen, was das Waldkind ganz alleine gebaut hat und natürlich wird auch alles ganz „fachmännisch" erklärt.

An den Kaffeetischen übernehmen die Kinder ganz hervorragend die Aufgabe des Gastgebers, und die Großeltern werden so richtig verwöhnt. Zum Abschluss treffen wir uns alle in einem großen Kreis. Mit ist immer wichtig, die Gäste mit einzubeziehen und die Kinder eben nicht auf einer Bühne zu präsentieren. Und so ist eines von diesem Event nicht mehr wegzudenken:

Die Geschichte vom kleinen Vogel im Waldkindergarten

Die Kinder sitzen alle zusammen in der „Guten Stube" und singen ein Waldlied. Keiner bemerkt den kleinen Vogel, der über ihren Köpfen seine Kreise zieht. Immer wieder einmal lässt er sich auf einer Fichte, dicht bei den Kindern nieder, um zu lauschen. „Wer kennt denn ein Lied mit einem Pferd?", hört er die Erzieherin fragen. Und gleich darauf singen die Kinder begeistert „Hopp, hopp, hopp, Pferdchen lauf Galopp!". „Na dann, nun schwieriger, wer kennt ein Lied mit einem Esel?", will die Erzieherin wissen. Auch darauf stimmen die Kinder lustig ein. Der kleine Vogel ist ganz verblüfft. Es fällt ihm auf, dass all die Lieder von Tieren handeln und die Kinder ganz viel Spaß haben. Das möchte er auch und er fragt sich, ob es wohl auch ein Lied von einem Vogel gibt. Und so beschließt er loszufliegen und das herauszufinden. Und da begegnet er auch gleich dem Hasen. „Sag mir, lieber Hase, kennst du ein Lied von einem Vogel?". Der Hase überlegt. „Hm, von einem Vogel fällt mir jetzt gerade keines ein, aber von mir gibt es eins, pass mal auf: Häschen in der Grube…". Der Vogel staunt, über so viele Tiere hat er nun schon ein Lied gehört, aber bis jetzt war noch keines über ihn dabei. Wollen wir ihm dabei helfen?

Diese kleine Geschichte ist vor Jahren ganz spontan beim Besuch einer Oma im Waldkindergarten entstanden und sie lässt sich immer wieder wunderbar einsetzen und ausbauen.

Lassen Sie den kleinen Vogel doch von Tier zu Tier fliegen um eine Antwort auf seine Frage zu finden. Oder auch von Baum zu Baum. Und beziehen Sie die Großeltern bei der Suche nach den Liedern mit ein – Sie werden staunen, welcher Schatz an altem Liedgut dabei wieder lebendig wird. Die Freude bei den Kindern, das Strahlen bei den Großeltern und das unvergessliche Miteinander wird bleibenden Eindruck hinterlassen.

Bereichern Sie Ihre Arbeit doch mit einer „Waldoma“ oder einem „Waldopa“. Es gibt viele ältere Menschen, die sich gerne einbringen würden, sich nützlich machen möchten. Vielleicht findet sich auch in Ihrer Nähe ein rüstiger Rentner, der leidenschaftlich gerne mit Holz arbeitet. Vielleicht möchte er zusammen mit den Kindern für den Wintervorrat an Holz sorgen. Oder er schnitzt gerne und freut sich, den Kindern etwas beizubringen.

Oft besitzen die älteren Menschen ein enormes Wissen über die Natur. Gehen Sie gemeinsam auf Streifzüge durch den Wald! Die Kinder und auch Sie als Pädagog*innen können dabei sehr viele Erfahrungen sammeln. „Generationenübergreifend“ bedeutet, Achtung und Respekt gegenüber unseren älteren Mitmenschen, und eine werteorientierte Erziehung hat in allen Bildungsplänen einen hohen Stellenwert.

4 Aus der Praxis, für die Praxis

„Ich bin dann mal draußen, komm doch mit!" Gut geplant ist halb gewonnen: Der Aufbau eines Waldkindergartens.

Vorbereitung

- Finden eines geeigneten Waldgebietes: Das Augenmerk sollte dabei auf ein abwechslungsreiches und gefahrloses Gelände gelegt werden. Große Gewässer und vielbefahrene Straßen sind zu vermeiden.
- Absprachen mit den zuständigen Personen und ausreichende Informationen über die geplante Nutzung des Geländes weitergeben: Förster, Besitzer, Anlieger, zuständige Behörden
- Sicherstellen einer ausreichenden Verkehrssicherheitspflicht: Hier sind Fachkräfte aus dem Forstbereich gerne behilflich.
- Veranstalten eines Informationsabends und Infobrief an die Eltern, um das Projekt vorzustellen: Hinweis auf die Ausstattung und die richtige Bekleidung der Kinder.
- Ausreichende Kenntnisse in Erster Hilfe mit Schwerpunkt auf der Tätigkeit im Naturraum (z. B. Giftpflanzen).
- Kinder von Beginn an mit einbeziehen und bereits im Vorfeld mit den Wald-Regeln vertraut machen.
- Einholen von Informationen über potenzielle Gefahren im Wald und deren Vorbeugung (Zecken, Fuchsbandwurm, Tollwut, Tetanusschutz).
- Erstellen eines Hygieneplans, der auch das Frühstück im Freien und den Toilettengang beinhaltet.

Die Kinder brauchen eine gute Hinführung

- an die neue Umgebung
- an die notwendigen Verhaltensregeln
- an die Sicherheitsregeln im Wald und in der Natur

*Sie als Pädagoge*in bringen mit: eine riesige Portion*

- Neugierde
- Spaß
- Experimentierfreude

- Fantasie
- Kreativität

Die Regeln müssen von allen Kindern beachtet und von den Erzieher*innen konsequent verfolgt werden.

„Ich packe meinen Rucksack." Auf die richtige Ausstattung kommt es an.

Das pädagogische Team benötigt:

- ein funktionsfähiges Handy
- ausreichende Kenntnisse über das Waldgebiet
- gut überlegte Maßnahmen und Strukturen (z.B. Rituale, Versammlungspunkte, Absprachen, Regeln)
- klare Absprachen bei einem plötzlichen Wetterwechsel, richtiges Verhalten bei Begegnungen, z.B. mit Wanderern oder Hunden
- geeignete Bekleidung, Rucksack, Bollerwagen oder ähnliches Transportgerät
- Improvisationstalent, mit Spaß und Mut zum eigenständigen und flexiblen Arbeiten
- Ersatzkleidung für die Kinder, eine Erste-Hilfe-Ausrüstung, Wasser zum Händewaschen, Seife, Toilettenpapier, eine kleine Schaufel für das kleine Geschäft, Müllbeutel, Bestimmungsbücher, Seile, eventuell eine Regenplane, ein Geschichtenbuch, ein Taschenmesser

Was für die Kinder wichtig ist! Der Rucksack und sein Innenleben

- Stabil und wetterfest soll er sein. Am besten zusätzlich mit einem Brustriemen zu schließen; er verhindert ein Rutschen der Schultergurte. Eine passende Regenhülle ist von Vorteil.
- Eine kompakte Brotdose, die das Kind allein öffnen und schließen kann. Praktisch ist es, wenn der Deckel am Dosenboden bleibt, das heißt, die Dose nicht in zwei Teile fällt.
- Eine dichte Trinkflasche, die gut isoliert – hier haben sich Flaschen ausgezeichnet bewährt, die mit einer Hand zu bedienen sind, an denen kein zusätzlicher Becher oder Schraubverschluss zu bedienen ist. Wichtig ist auch eine Schutzhülle aus Flies, Gummi oder Filz – die Flaschen werden im Winter außen sehr kalt.

- Ein wärmendes Sitzkissen (auch selbstgefilzte Kissen leisten wunderbare Dienste)
- Ein kleines Handtuch, welches täglich gewechselt wird
- Papiertaschentücher für die kleinen Schnupfnasen, und auch für den alltäglichen Gebrauch
- „Arbeitshandschuhe" (dünne Stoffhandschuhe mit einer gummierten Handinnenfläche – erhältlich in allen Baumärkten)
- Eine Becherlupe, ein Seil, ein Bestimmungsbuch und alles, was das Waldkind gerne einpacken möchte und dann auch tragen kann!

Was braucht ein Waldkind im Sommer?

Der Zwiebellook hat sich bei jeder Witterung bewährt!

- Eine leichte lange Outdoorhose, Socken über der Hose sind ein zusätzlicher Zeckenschutz.
- Knöchelhohe, gutsitzende und wasserdichte Outdoorschuhe
- Die Kinder kommen bereits eingecremt mit Sonnencreme/Zeckenmittel in den Kindergarten.
- Eine leichte Jacke und eine leichte Kopfbedeckung, ein leichtes Halstuch (Loop)

Gute Erfahrungen bei Regen und Matsch (Frühling/Herbst)

- Passende Kopfbedeckung
- Zwiebellook: wasserfeste Outdoorhose/Regen-, Matschhose
- Wasserfeste Outdoorschuhe/Gummistiefel mit gutem Profil
- Leichte Jacke/Regenjacke
- Buddelhandschuhe
- Anstatt aus Baumwolle sollte die Kleidung besser aus Funktionsunterwäsche (hautnah) und mehreren Fleece- bzw. Wollschichten bestehen. Regen kühlt durch die Kleidung und auch Wind verstärkt das Kälteempfinden. Gerade im Frühling und Herbst ist warme Kleidung unbedingt nötig. Aufgabe des Personals ist es, die Kinder in der eigenen Körperwahrnehmung zu schulen, damit sie sich bei steigenden Temperaturen oder bei körperlicher Anstrengung Kleidung entsprechend aus- und anziehen.

Waldkinder im Winter

- Eine warme Mütze, die die Ohren schützt
- Ein warmer Schal – bestens bewährt haben sich Loops, die auch als zusätzliche Mütze getragen werden können
- Besonders wichtig: warme Unterwäsche

- Bei der Oberbekleidung auf das „Zwiebelsystem“ achten: mehrere dünne Oberteile übereinander
- Warme wasserfeste Winterjacke
- Zweiteilige Schneeanzüge, Schneehosen ohne Träger, dadurch wird der Toilettengang enorm erleichtert
- Wollsocken oder „Omas Selbstgestrickte“
- Wasserabweisende Handschuhe, die weit über die Hand reichen, am besten Fausthandschuhe, zusätzlich zwei Paar zum Wechseln im Rucksack (verpackt in eine Tüte, um den restlichen Rucksackinhalt vor Nässe zu schützen). Ein eingearbeiteter Gummi im Handgelenkbereich sorgt für einen tollen Sitz.
- Bestens bewährt haben sich sogenannte „Essenshandschuhe“ – dünn gestrickte Fingerhandschuhe, die mit einem Einmachgummi an der Brotzeitdose befestigt sind, und dem Waldkind ein leichtes und angenehmes Handhaben der Brotzeit mit warmen Fingern ermöglichen.
- Die Eltern cremen ihr Kind bereits vor dem Kindergarten gern mit einer Fettcreme ein.

Was die Erfahrung zeigt:

- Mützen mit einem Bommel passen sehr schlecht unter die Regen- und Windmütze an der Jacke!
- Nachträglich gekaufte Regenhüllen für die Rucksäcke sitzen nicht so passgenau und sicher wie die Originale!
- Brotzeitboxen und Flaschen aus Edelstahl werden im Winter eisig kalt. Hier hat sich ein nachträglich angebrachter Filz oder Wolle bewährt – es gibt mittlerweile auch Produkte, die bereits mit Gummimanschetten ausgestattet sind!
- Handschuhe mit Reißverschlüssen erweisen sich als ungünstig: die Verschlüsse gefrieren im Winter.
- Leuchtende Kleidung, kräftige Farben lassen die Waldkinder überall gut sichtbar sein.

„Draußen bei jeder Wetterlage"– das ist selbstverständlich unrealistisch. Es gibt Tage, wenn auch sehr selten, da ist es schlichtweg zu gefährlich, den Wald zu betreten. Bei Sturm und schweren Böen, einer starken Schneelast auf den Bäumen und auch bei sehr starken Regenfällen ist der Wald zu meiden. In Bayern ist für das Betreiben eines Waldkindergartens ein Ausweichraum vorgeschrieben. Mit meiner Einrichtung nutze ich einen Raum im Sportheim des angrenzenden Ortes, der uns völlig unkompliziert zur Verfügung gestellt wird. Auch freie Wiesen in ausreichender Entfernung zu Bäumen und Wäldern können wunderbar für solche Tage genutzt und von den Kindern bespielt werden. Dann wird der Fußball ausgepackt, der Drachen oder die Schlitten mitgenommen. Bei Wind beispielsweise machen die Kinder wunderbare Körpererfahrungen. Sie lassen sich treiben, laufen gegen den Wind, hören sein Pfeifen, staunen über den Blätterregen und entdecken nicht selten sogar einen echten Regenbogen am Himmel. Das Personal hat die wichtige Aufgabe, die Wetterentwicklung ständig im Auge zu behalten, und den Aufenthalt der Kinder zu gegebener Zeit nach innen zu verlegen. Bei Kitas mit angegliederten Waldgruppen wird an solchen Tagen meist ein Raum in der Einrichtung benutzt.

Mit dem Wurzelzwerg durchs Jahr

Auf unserer abenteuerlichen Erlebnisreise durch die vier Jahreszeiten ist „der Weg das Ziel". Ein kleiner „Wurzelzwerg" begleitet die Kinder. Der kleine Wicht mit der orangenen Mütze nimmt uns an geheime Orte mit, erzählt uns viel Interessantes und bringt uns zum Staunen. Von ihm erfahren die Kinder viel Wissenswertes über die Tiere, die Pflanzen, über das Miteinander, über Vertrauen und Wertschätzung. Sie erfahren, wie wertvoll Freundschaft und Achtung in unserem Leben sind.

Kleine Maskottchen, die sich immer wieder schnell mal aus dem Rucksack holen lassen, begeistern die Kinder und stimmen auf die unterschiedlichsten Themen ein. Interaktionen entwickeln sich und Lernerfahrungen werden vertieft. Ich überlege mir immer kleine Geschichten aus dem Umfeld der Kinder und schaffe so eine Verbindung zu ihrer realen Welt. Lassen Sie Ihrer Fantasie dabei freien Lauf, probieren Sie es aus! Es ist gar nicht so schwer.

Die Kinder finden sich in den Geschichten und Liedern wieder. Sie tauchen ein in einen Experimentier- und Erlebnisraum, indem sie ihre Persönlichkeit kreativ entfalten können. Der Wurzelzwerg ist so ein Maskottchen. Bei uns ist es ein kleiner Kuschelzwerg mit einer orangenen Mütze. Hier dürfen Sie kreativ sein – entweder fertig gekauft oder ganz einfach selbst gemacht. Vielleicht entdecken Sie einen besonders schönen Stock, ein bisschen Wolle oder Filz daran und schon ist ein Troll geboren. Oder eine kleine Zapfenhexe oder vielleicht ein Wurzelkobold. Wichtig ist, dass dieses kleine Wesen immer wieder präsent ist.

Wir schreiben unserem Wurzelzwerg mit der orangen Mütze gerne kleine Briefe und er schreibt uns zurück. Der Wurzelzwerg beobachtet uns natürlich im Wald und dabei fällt ihm auf, dass wir gerne leckeren Tee zusammen trinken. Als wir dann eines Morgens in den Wald kommen, finden wir doch tatsächlich an seinem Wurzeleingang eine Packung Kinderpunsch und einen Zettel dabei, auf dem steht: „Das ist mein absoluter Lieblingswurzelzwergendrink – den müsst ihr unbedingt mal probieren!". Und ab dem Zeitpunkt trinken unsere Waldkinder „Zwergenpunsch"!

Für selbst kreierte, gruppenbezogene Texte, die in jeder Gruppe immer wieder entstehen, finden oftmals bekannte Melodien Anwendung. Hier sind die Kinder meine Impulsgeber, sie vertonen häufig eigene Kreationen mit der Melodie eines ihnen geläufigen Kinderliedes – und so entstehen ganz individuelle Songs, die alle gemeinsam mit großem Spaß mitsingen.

Unser „Wurzelzwergenlied"

Das „Wurzelzwergenlied" ist eine Art Begrüßungslied, und die Kinder singen es gern beim Ankommen im Wald. Wir haben es nach der Melodie vom „Dicken Tanzbär" gedichtet, aber probieren Sie doch aus, was Ihnen und Ihren Kindern gefällt: Der Fantasie sind keine Grenzen gesetzt.

Ich bin ein kleiner Wurzelzwerg und
geh so gern hinaus.
Im Wald sind meine Freunde, im
Wald kenn ich mich aus.
Meinen Rucksack aufgeschnallt, so zieh
ich durch den Wald, den Wald.
Meinen Rucksack aufgeschnallt, so zieh ich durch den Wald.
Ob Sonne oder Regen, das ist mir ganz egal.
Im Wald da ist es prima bestimmt ein jedes Mal.

Meinen Rucksack aufgeschnallt, so zieh ich durch den Wald, den Wald.
Meinen Rucksack aufgeschnallt, so zieh ich durch den Wald.

Unsere Geschichte: „Wie der Wurzelzwerg in den Wurzelwald gekommen ist"

Tief in einem dichten Wald lag eine große Wiese. Durch die Wiese plätscherte ein kleiner Bach. Das Wasser war so klar, dass man bis auf den Grund sehen konnte, und wenn man ganz genau hinsah, dann entdeckte man die kleinen Fische, die fröhlich im Wasser schwammen. Nicht weit von diesem Bach entfernt, stand eine alte Weide. Ihre riesigen ausladenden Äste hingen bis in den kleinen Bach hinein, und immer wieder setzt sich ein kleiner Vogel auf so einen Ast, um aus dem frischen Wasser zu trinken. Am Stamm der dicken Weide war in der Rinde eine tiefe Furche zu erkennen, die bis zum Boden reichte.

Und wenn man ganz nah heranging und vorsichtig hineinsah, ja, dann konnte man es sehen: Das Licht. Woher das kam? Dort unten wohnte der kleine Wurzelzwerg mit der orangenen Mütze, und weil es doch unter der Erde immer so schrecklich dunkel ist, leuchtete seine kleine Laterne und erhellte sein kleines Zuhause. Aber er wohnte dort ganz alleine, und da fühlte er sich doch oft sehr einsam.

Jeden Tag kam er also aus seiner Wurzelwohnung heraus, auf der Suche nach Freunden. Einmal lief er weit über die Wiese bis in den Wald hinein und blieb plötzlich stehen. „Was war das?" Gespannt lauschte der Wurzelzwerg und blickte sich neugierig um. Da, er hörte es wieder. Ein Kinderlachen, ein Singen. Er bewegte sich langsam auf die Geräusche zu, kletterte dabei über einen langen Ast, der auf dem Boden vor ihm lag, und dann sah er sie: Die Kinder! Mit bunten Jacken und Mützen, mit Rucksäcken auf dem Rücken und Stöcken in den Händen liefen sie auf einem dünnen Pfad durch den Wald. Er beobachtete, wie sie immer wieder stehen blieben, um sich etwas genau anzusehen oder um etwas aufzuheben, das sie dann in ihren Jackentaschen verschwinden ließen. „Hier wollen wir Brotzeit machen!" hörte er eine Stimme. Die Kinder nahmen ihre Rucksäcke ab und setzten sich ins weiche Moos auf dem Waldboden. Er vergaß fast zu atmen, so aufgeregt war er. Da hörte er sie wieder, diese Stimme: „Wie gefällt es euch denn hier?". Die Kinder riefen alle durcheinander: „Toll. Super schön. Klasse. Ich will gar nicht mehr heim. Ich will wieder herkommen."

Der kleine Wurzelzwerg stand mit offenem Zwergenmund hinter einer dicken Fichte, als die Stimme sagte: „Schön, mir gefällt es auch sehr, und ich freue mich, wenn ihr gerne hier sein wollt. Und wisst ihr was? Wir werden ab jetzt jeden Tag herkommen. Wir spielen ab jetzt immer hier im Wald. Dann seid ihr alle richtige kleine Waldkinder."

Das freute die Kinder und sie lachten und jubelten durcheinander.

Die Brotzeitdosen waren leer gefuttert und jeder räumte seinen Platz wieder sauber. Alles wurde gut im Rucksack verstaut und die lustige Truppe machte sich wieder auf den Weg. Lange noch hörte der kleine Wurzelzwerg das Lachen und Geplapper der Kinder.

Er wusste, was er tun würde! Er wollte auch jeden Tag mit den Kindern im Wald unterwegs sein, Abenteuer erleben, die Sonne auf dem Bauch kitzeln lassen, die Regentropfen auf der Nase spüren, den Wind um die Ohren pfeifen hören. Ja, das wollte er auch.

Und er hätte Freunde. Seine Wurzelwohnung jedoch war doch ziemlich weit weg von diesem Wald und den weiten Weg würde er nicht jeden Tag schaffen. Da gab es nur eine Lösung: „Ich brauche eine neue Wurzelwohnung, ganz nah bei den Waldkindern. Dann kann ich ihnen beim Spielen zusehen, ihnen vielleicht eine Zwergenpost schicken." Oh, das wird schön werden, dachte der kleine Wurzelzwerg, als er sich auf den Heimweg machte.

Dort angekommen packte er seine Sachen in seinen Zwergenrucksack, nahm die Laterne in die eine Hand, einen Zwergenwanderstock in die andere Hand und marschierte los, in den Wald, in den die Waldkinder jeden Tag wiederkommen würden. Und das erste, was er selbst dort machen würde: Er würde sich eine schöne neue Wurzelwohnung suchen.

Wenn du im Wald unterwegs bist, dann gib gut acht, vielleicht entdeckst du ja einen alten knorrigen Baum oder eine alte Wurzel. Dann geh ganz vorsichtig näher und schau hinein, ob das Licht der Laterne drin leuchtet. Denn dann hast du es gefunden, das neue Zuhause des kleinen Wurzelzwerges mit der orangenen Mütze. Und noch etwas will ich dir verraten: Der kleine Zwerg hat schon einmal eine große Reise gemacht. Denn nicht immer lebte er hier bei uns. Eigentlich kommt er aus dem Land, das aussieht wie ein Stiefel, aus Italien. Dort leben auch noch sein Opa und seine Oma, die ihm die orangene Mütze geschenkt haben. Er aber wollte in die große weite Welt, und so hat er sich vor Jahren auf den Weg gemacht und da, wo es ihm gefällt, da wollte er bleiben.

Und soll ich dir mal seinen Namen verraten? Er heißt Bernhardino Wurzelbart – aber alle seine Freunde nennen ihn „Berni" – und du darfst ihn auch so ansprechen, wenn du ihm einmal begegnest.

Der „Wurzelzwerg" entdeckt den Frühling

Der Winter ist zu Ende, die Luft duftet rein und frisch in einem herrlichen grünen Wald. Die Vögel zwitschern, die Blätter rauschen im Wind. Ein Eichhörnchen springt von Ast zu Ast und es rieseln kleine Fichtennadeln zu Boden. „Das ist ja fast wie Schnee im Frühling!“, ertönt da eine Stimme am Waldboden. Bernhardino Wurzelbart, von allen kurz „Berni“ genannt, steht frohgelaunt vor einer alten morschen Wurzel und blickt nach oben. Die kleinen Fichtennadeln haben sich auf seiner orangenen Zipfelmütze niedergelassen und sehen fast aus wie Federn. Gerade noch sieht er das Eichhörnchen, den flinken Kobold, wie er auf den nächsten Baum springt und winkt ihm lachend zu. „So langsam wird es wieder lebendiger hier im Wald und ich könnte ja meine Freunde besuchen gehen“, denkt der Wurzelzwerg. Also schlüpft er in den Eingang in der alten Wurzel, der nur bei ganz genauem Hinsehen zu erkennen ist. Er hüpft einen schmalen Gang geradeaus, dann rechts durch einen Wurzelbogen bis zu seinem Schlafzimmer.

Dort holt er sich seinen Rucksack aus dem Schrank und füllt ihn in der Küche mit allerlei Leckereien auf. Was wird so ein Zwerg wohl gerne essen? Überlegt doch einmal! Was esst ihr denn gerne?

Dann noch schnell den Wanderstock aus dem Wohnzimmer hinter dem kleinen Sessel hergeholt und es kann losgehen. Berni verlässt sein Zuhause und macht sich auf den Weg. Dabei pfeift er fröhlich ein Lied. Vielleicht begegnest du ihm ja, er ist ab jetzt wieder jeden Tag im Wald unterwegs. Du erkennst ihn an seiner orangenen Mütze. Hast du seine Höhle schon entdeckt?

Es ist Sommer im Wurzelwald!

Berni hat sich mittlerweile sehr gut eingelebt in seinem Wurzelwald, und jeder Tag steckt für ihn voller Abenteuer. Er ist gerne mit seiner Freundin, der kleinen Amsel Conni, unterwegs, besonders am Abend, wenn es still wird im Wald, dann sitzen die zwei auf einem kleinen Zweig und lauschen den Geräuschen zwischen den Bäumen. Mit dem Dachs Oskar macht Berni immer spannende Buddeltouren unter der Erde und mit Benjamin, dem Hasen, spielt er am liebsten Verstecken.

Kein Tag ist wie der andere und Berni liebt es, auch einfach einmal gar nichts zu machen. Langeweile kann so schön sein, weiß er. Denn dann hat er Zeit, sich neue Ideen auszudenken. Und so vergeht die Zeit, die Tage werden länger und die Nächte kürzer. Es ist Sommer im Wurzelwald. Das ist auch die

Zeit, in der Berni sehr oft kleine Feste mit all seinen Freunden feiert. Er trifft sich mit der Käferfamilie, die am Waldrand wohnt, die Biene Leila kommt mit ihrer ganzen Familie dazu und bringt einen leckeren Honig mit, auf den sich alle immer ganz besonders freuen.

Berni sammelt für die Feste gern ein Körbchen voll mit fruchtigen kleinen Waldbeeren, denn Waldbeeren mit Honig sind ein Genuss. Hast du das schon mal probiert? Für alle Gäste gibt es immer frisches Quellwasser aus dem Bach, und wenn es langsam dunkel wird, sorgen die Glühwürmchen dafür, dass sich die Hasenkinder und auch die kleinen Vögel nicht fürchten. Und so sitzen die Waldtiere zusammen mit Berni lange in die Nacht hinein und genießen den Sommer im Wurzelwald, denn schon bald werden die Tage wieder kürzer werden, die Nächte kühler.

Für die Tiere, aber auch für unseren Wurzelzwerg, bedeutet das bald viel Arbeit. Der Herbst steht vor der Türe und jeder bereitet sich auf den Winter vor. Weißt du wie?

Davon mehr in der nächsten Geschichte.

Es ist Herbst geworden

Ein kalter Wind pfeift durch die Bäume. Überall tanzen bunte Blätter auf die Erde. Dunkle Wolken ziehen am Himmel, gleich wird es wieder Regen geben, wie so oft in den letzten Tagen. Berni zieht sich seine orangene Mütze jetzt immer ganz tief ins Gesicht, hat seine dicke Jacke und Gummistiefel an. Manchmal schlüpft er sogar schon in seine warmen Handschuhe, die ihm seine Oma aus Italien geschickt hat. Richtig angezogen kann ihm der Herbststurm nichts anhaben.

Und er macht sich auf, seine Freunde zu besuchen. Aber er ist ziemlich lange unterwegs, bis er jemandem begegnet. Der alte Hase Willibald steht vor ihm. „Wo sind denn all die anderen Tiere?“, will Berni wissen. Von Willibald erfährt er, dass jedes Tier im Wald damit beschäftigt ist, sich auf den nahen Winter vorzubereiten. Jeder füllt seine Vorratskammern auf, damit genug zu fressen da ist. Das Zuhause wird mit Moos, Blättern und Grashalmen warm ausgebaut, schließlich will es jedes Tier schön warm haben. Das versteht Berni natürlich, denn auch er hat sich seine Zwergenwohnung richtig kuschelig eingerichtet. Die dicke Decke, die ihm Oma gestrickt hat, wärmt ihn immer, wenn es abends frisch wird.

Er hat fleißig Holz gesammelt, damit er sich ein kleines Feuer in seinem Ofen anmachen kann. Und zusammen mit seiner Freundin Conni, der Amsel, hat er Erdbeerblätter gesammelt, aus denen er sich dann einen leckeren Tee kochen wird. Selbstverständlich stehen in seiner kleinen Speisekammer auch viele Gläser mit selbstgekochter Marmelade.

Marmelade kochen ist nämlich eine Lieblingsbeschäftigung von Berni. Er hat alle Gläser fein säuberlich beschriftet und ordentlich in ein Regal gestellt. Holunderblütengelee, Waldbeerenmarmelade, Blaubeerenkonfitüre, Hagebuttenmus. Da läuft einem doch glatt das Wasser im Mund zusammen, stimmt´s? Was glaubst du, hat Berni noch so alles im Wald gefunden aus dem sich solche Leckerreien zaubern lassen? Überlegt doch mal zusammen, da fällt euch bestimmt noch viel mehr ein. Jetzt fragt ihr euch bestimmt, wie Berni das alles geschafft hat und woher er weiß, wie das alles geht.

Naja, dazu müsst ihr wissen, dass er das alles von seiner Oma gelernt hat. Als er noch klein war, hat die Oma oft auf ihn aufgepasst und er hat ihr bei allen Arbeiten gerne geholfen, am liebsten natürlich beim Marmeladekochen. Und deshalb weiß er das nun alles so gut. Und alleine hat er das nun freilich nicht gemacht. Berni ist ja nicht der einzige Zwerg im Wald. Und manchmal kommen ihn seine Zwergenfreunde besuchen. Dann gibt es sozusagen ein Zwergentreffen. Und da ist auch meist sein Freund mit der roten Mütze dabei und der kocht auch für sein Leben gerne Marmelade. Die beiden zusammen stehen dann stundenlang am Herd und rühren, rühren, rühren.

Dabei singen sie immer ein lustiges Lied, pass mal auf:

Marmelade, Marmelade wird gemacht, wird gemacht.
Immer fleißig rühren, immer fleißig rühren –
wie die Acht, wie die Acht!
Marmelade, Marmelade die schmeckt fein, die schmeckt fein.
Für den langen Winter, für den langen Winter –
so soll's sein, so soll´s sein!
Marmelade, Marmelade, frisch auf's Brot, frisch auf's Brot.
haben wir zu essen, haben wir zu essen –
keine Not, keine Not.
(Probiert es doch einmal mit der Melodie von „Bruder Jakob".)

Und bei Schnee und Eis wird der Wald ganz weiß – Winter im Wurzelwald

Obwohl es eisig kalt ist, geht Berni jeden Tag im Wurzelwald spazieren. Es ist still geworden. Von vielen seiner Freunde hat er sich für lange Zeit verabschiedet. Denn einige Tiere halten Winterschlaf und werden erst wieder im Frühling aus ihren Höhlen kriechen. Weißt du, welche Tiere das sind? Andere aber schlafen lange und kommen nur ab und zu aus ihrem Bau, um ein bisschen zu fressen. Und so wandert Berni ziemlich alleine umher. Doch er findet das gar nicht so schlimm. Er hat jetzt viel Zeit, sich an all die schönen Erlebnisse der zurückliegenden Monate zu erinnern. Berni freut sich immer sehr, wenn er an all das denkt was da gewesen ist. Der Tag, an dem es von morgens bis abends geregnet hatte, an dem sich alle Tiere bei ihm in seiner Höhle getroffen hatten und sich lange Geschichten erzählt haben, das war so ein schöner Tag. Dann, als der Regen vorbei war, sind sie alle nach draußen gegangen und haben über die Regentropfen gestaunt, die wie Edelsteine an den Blättern und Grashalmen geglitzert haben. Hast du das auch schon einmal gesehen? Das sieht wunderschön aus. Und dann der Duft, der in der Luft war, so frisch und klar. Einfach herrlich. Daran denkt Berni nun und freut sich, denn er weiß: Schon bald wird der Winter vorbei sein und ein neuer Frühling wird kommen. Er wird all seine Freunde wiedertreffen und wieder viele tolle Abenteuer mit ihnen erleben. Doch bis es soweit ist, will er nicht faul in seiner Höhle sitzen. Nein, auch der Winter steckt voller Überraschungen. Bist du schon mal durch den tiefen Schnee im Wald gestapft? Hast du schon einmal Tierspuren im Schnee gesucht? Oder einen Schneehasen gebaut? Und wenn es schneit und die Sonne scheint, dann funkeln die Schneeflocken wie viele kleine Kristalle, das musst du dir unbedingt einmal ansehen. Berni macht all das und er findet, dass auch der Winter eine ganz tolle Jahreszeit ist. Also raus mit dir, vielleicht begegnet ihr euch ja, da draußen im Wurzelwald.

5 Projektarbeit ja, aber anders!

Dinge selbst zu erkunden und auszuprobieren, eigenaktiv an ein Thema herangehen, darin liegt das Geheimnis des nachhaltigen Lernens. Und hier findet Projektarbeit durchaus eine Berechtigung.

Projektlernen ist als situatives Lernen zu verstehen. Die direkten Erfahrungen in der Natur ermöglichen es den Kindern, selbst tätig zu sein und so begreifen sie ihr Umfeld. Wenn bereits im Vorfeld das Ergebnis einer Erkundung, eines Experimentes feststeht, geht die Neugierde und damit auch die Lernbereitschaft der Kinder verloren. Ein kleiner Forscher will auch tatsächlich forschen. Und wir Fachkräfte sind gefordert, den Wissensdurst der Kinder zu stillen – jedoch nicht durch Lösungen. Wir müssen die Möglichkeit zum selbstbestimmten Handeln schaffen.

Ganz alltägliche Situationen eigenen sich bereits für tolle Projekte:

Wir sitzen gemeinsam zur Brotzeit im Tipi, als ein Junge sich interessiert umsieht. Er schaut sich die Tipistangen ganz genau an. „Wie viele Leute braucht man denn eigentlich, um ein Tipi aufzubauen?“, möchte er auf einmal wissen. Er ist noch nicht so lange bei uns und war beim Aufbau nicht dabei. Ein anderes Kind, welches das jedoch miterlebt hat, meint: „Ach, nicht so viele, da waren sogar Frauen dabei!“

Noch eine ganze Weile diskutieren die Kinder untereinander. Ich schlage ihnen vor, es einmal auszuprobieren, um eine Antwort auf die Frage zu bekommen.

Hier sehen wir uns als Impulsgeber, halten uns aber weitgehend im Hintergrund.

Die Kinder sind sofort begeistert aufgesprungen, um mit der Umsetzung zu beginnen. Schnell haben sie gemerkt, dass da noch mehr dahintersteckt, als einfach loszulaufen. Und so war ein Projekt geboren!

Durch ihre eigene Motivation, durch ihre Neugier und ihren Tatenddrang tauchen die Kinder immer mehr in ein Thema ein. Sie kommen in ein Gespräch mit anderen, helfen, ergänzen und unterstützen sich gegenseitig, nehmen sich auch mal zurück oder gehen Kompromisse ein.

Zuerst muss jedoch ein Plan erarbeitet werden. So ein Tipi braucht Stangen. Wie viele, wie lang, wie dick? Dann geht es an die Materialbeschaffung. Überall im Wald finden sich lange Äste auf dem Boden, die wunderbar geeignet sind. (Es brauchen keine Bäume gefällt zu werden.) Die Kinder machen sich ganz ehrgeizig auf die Suche und sind stolz, wenn sie wieder einen Schritt näher am Ziel sind. Natürlich sind wir Erwachsenen auch hier als helfende Hand dabei, aber wir warten ab, ob und in welcher Form unsere Hilfe benötigt wird. Und dann – es hat mehrere Tage gedauert, bis das Tipi fertig im Waldkindergarten stand –, ist es geschafft! Zufrieden und stolz über ihre eigenen Leistungen staunen die Kinder und sitzen zur Brotzeit zusammen, diesmal in ihrem selbstgebauten Tipi.

Neue Fragen tauchen auf. Wie wohnt man eigentlich in so einem Tipi? Kann man da auch Feuer machen? Und was ist, wenn es regnet? Gibt es bei den Indios eigentlich so etwas wie eine Haustürklingel? Oder kommt der Besuch einfach so hereinspaziert?

Wir nehmen uns so viel Zeit, wie die Kinder brauchen und auch möchten, um uns mit einem Thema auseinanderzusetzen. Und wir helfen alle zusammen, Antworten auf all die Fragen zu finden. Und die Kinder sind da sehr einfallsreich, was uns immer wieder zum Staunen bringt. Das ist auch für uns immer sehr spannend und lehrreich, und wir fühlen uns bestätigt: Wir lernen ein Leben lang, und es macht Spaß, sich neue Lernumfelder zu erschließen.

Wir wissen nun, dass es keine Klingel an den Tipis gibt. Die Indios legen Stöcke vor ihr Zelt. Sind diese überkreuzt, bedeutet dies: Bitte nicht stören. Liegen die Stöcke jedoch nebeneinander, ist jeder immer gern willkommen. Bemerkbar macht man sich, indem man mit den Fingern ganz vorsichtig an der Zeltwand kratzt. Und noch eine interessante Erkenntnis haben wir dank der Kinder gewonnen: Der Eingang eines Tipis richtet sich immer gegen Osten – zur aufgehenden Sonne! So findet ganzheitliches Lernen statt!

Ideen aus und für die Praxis

Willkommen in der Waldbücherei – Literacy im Waldkindergarten

Kinder machen schon lange, bevor sie lesen und schreiben können, ihre ersten Erfahrungen mit Sprache und Schrift. Im Kindergarten können Literacy-Erfahrungen gezielt gefördert und so ein Grundstein für eine erfolgreiche Lese- und Bildungskarriere gelegt werden. „Literacy" ist als Sammelbegriff für die Lese-, Erzähl- und Schriftkultur zu verstehen und umfasst die Vertrautheit mit Büchern, die Lesefreude, das Text- und Sinnverstehen, die sprachliche Abstraktionsfähigkeit, die Lese- und Schreibkompetenz und sogar die Medienkompetenz.

Ein Zugang zum Medium „Buch" kann nicht früh genug beginnen. Auch bei uns im Waldkindergarten spielt das Buch eine sehr große Rolle. Geschichten und Märchen, Sachbücher, Liederbücher und Bilderbücher sind ein wichtiger Bestandteil unserer täglichen Arbeit.

Mit einem Bilderbuch z. B. lassen sich viele bestimmte Teilbereiche fördern. So etwa die Aufmerksamkeit auf bestimmte Szenen eines Bildes, die Konzentration oder das Gedächtnis. Text und Bild werden verknüpft, durch das Betrachten von Bildern wird eine Verbindung von Bekanntem mit Neuem geschaffen und die Inhalte regen zum Nachdenken an.

Mittlerweile freut sich unser Kindergarten über eine große Auswahl an Büchern. Und es ist die Idee gereift, diese den Kindern auch über die Betreuungszeit hinaus zugänglich zu machen. Die „WurzelWaldBücherei" war geboren.

Im vierzehntägigen Rhythmus öffnet nun diese „Einrichtung", die selbstständig von den Kindern betreut wird. Eine ganz besondere Aufgabe, die das Selbstbewusstsein und die Selbstsicherheit ebenso fördert, wie das Verantwortungsgefühl und die Sorgfalt. Ein kleiner Aufgabenkalender zeigt, wer wann als Buchhändler*in an der Reihe ist.

Die beiden zuständigen Kinder machen sich an die Arbeit:

- Ein Kind sucht sich ein Buch aus.
- Die Registerkarte aus dem Buch wird an die Karteikarte des jeweiligen Kindes angeheftet.
- Die Ausleihgebühr wird entrichtet (Der Umgang mit Geld wird eingeübt.).
- Für jedes ausgeliehene Buch gibt es einen Stempel auf der Karteikarte.
- Nach fünf Stempeln wird eine weitere Ausleihgebühr erhoben.
- Die Kasse wird ordentlich geführt.

Wir haben diese Idee sogar auf die Eltern ausgeweitet. Sie haben nun die Möglichkeit – ebenfalls gegen eine Leihgebühr –, aus unserer reichhaltigen Fachliteratur auszuwählen. Auch diesen Prozess übernehmen die Kinder.

Von den Einnahmen können sich die Kinder neues Buchmaterial anschaffen.

Unsere Kinderbücherei erfüllt viele Funktionen und wir verfolgen damit eine Reihe von Zielen: Die Kinder freuen sich jedes Mal auf ihre Aufgabe. Sie lernen, Abläufe einzuhalten, achtsam mit den Büchern und den „Kund*innen" umzugehen, üben sich in Konzentration und Ausdauer. Die Kinder werden motiviert, sich mit einem Buch zu beschäftigen und haben Spaß und Freude daran.

Weitere lohnenswerte Projekte im Wald- und Naturraum

Sie alle können auf Ihre ganz persönlichen Erfahrungen, auf wundervolle Ideen der Kinder und ein breites Angebot im Handel an Materialien zu den unterschiedlichsten Themen zugreifen und Ihre tägliche Arbeit damit bereichern.

Mit den nachfolgenden Erläuterungen möchte ich gerne einige meiner ganz persönlichen Erlebnisse und Eindrücke an Sie weitergeben.

Bienen und Ameisen – wahre Superhelden!

Nirgends gelingt die Sensibilisierung für die ökologischen Zusammenhänge in der Natur so einfach wie mitten in der Natur selbst. Und fast täglich begegnen die Waldkinder Bienen und Ameisen. Mittlerweile gibt es erfreulicherweise auch eine Fülle von Praxismaterial zu diesen Themenschwerpunkten. Wichtig ist dabei, stets einen direkten Bezug herzustellen. Geben Sie den Kindern ausreichend Zeit und Raum zur Beobachtung! Greifen Sie die Fragen der Kinder auf und lassen Sie sich auf deren Bedürfnisse ein! Vielleicht holen Sie sich auch fachmännische Unterstützung.

Über den Ameisenschutzverein e.V. z. B. können Sie engagierte Mitglieder in Ihrer Gegend einladen, die Kinder und Ihre Einrichtung zu besuchen. Wir haben ganz in der Nähe unseres Waldgeländes einen richtigen Ameisenhügel gefunden und diesen zusammen mit den Fachleuten besucht. Dabei konnten die Kinder, aber auch wir im Team sehr viel Neues und Interessantes erfahren. Seither wissen wir auch, dass an einem Ameisenhügel das Wetter vorherzusehen ist: Sind Löcher im Hügel zu entdecken, bleibt es schön. Haben die Ameisen allerdings alle Fenster und Türen verschlossen, wird es wohl regnen. Beobachten Sie das doch mal mit Ihren Kindern!

Und wenn Sie einen Imker in der Nähe haben, dann organisieren Sie ebenfalls einen Besuch. Wann hat man schon einmal die Gelegenheit, in einen Imkeranzug zu schlüpfen oder einen Bienenstock aus der Nähe zu betrachten – vielleicht sogar die Königin zu entdecken und den Bienen bei der Arbeit zuzusehen? Eventuell sogar noch Honig selbst zu ernten?

Selbstverständlich ist es bei all diesen Exkursionen wichtig, auf die Sicherheit zu achten. Die Kinder sollen die Gefahren gut kennen und richtiges Verhalten muss eingeübt werden. Aber ganz wichtig ist auch die Erkenntnis: Die Tierchen werden nur gefährlich, wenn sie sich bedroht fühlen. Wenn wir ihnen mit Respekt und Achtung begegnen, dürfen wir uns ihnen auch nähern.

Übrigens: Nach so einem Erlebnis schmeckt das Honigbrot sicher doppelt so gut.

Holunderbusch und Kartoffelkönig – Kinder als Naturdetektive

Jedes Jahr im Frühling warten wir auf die ersten Blüten und Blätter. Und im Wald werden wir beim Holunderbusch auch sehr früh fündig. Die knorrigen Äste und Zweige trotzen jeder Witterung und bringen jedes Jahr neue duftende Blütendolden hervor. Das Holz eignet sich wunderbar zum Schnitzen, und schon die Kleinsten können damit ihre ersten Erfolgserlebnisse sammeln. Ein kleiner Tipp am Rande: Bei uns haben sich Gemüseschäler als erste Schnitzmesser bewährt: Optimal für kleine Kinderhände und seither ein Muss in unserer Werkzeugkiste.

Die Blüten des Holunders sind die Basis für zahlreiche leckere Gerichte, die wir in unserer Wurzelwaldküche natürlich auch mit den Kindern ausprobieren. Viele Geschichten und Lieder sind zu diesem Thema im Handel erhältlich. Sie werden leicht beim Stöbern fündig werden. Und runden Sie dieses Projekt doch mit einem richtigen Holunderfest ab, bei dem die Kinder zur Holunderkönigin und zum Holunderkönig gekürt werden! An einem Seil sind verschiedene Kräuter, Zweige und Blumen aufgehängt. Die Kinder schnuppern, wenn sie möchten mit verbundenen Augen, daran. Bei diesem Sinnesspiel ist der Holunder wunderbar am Geruch zu erkennen. Als kleine Erinnerung für diese sinnliche Erfahrung gibt es für jedes Kind eine kleine Holzscheibe zum Umhängen, verziert mit einem Farbdruck aus Holunderblüten.

Ebenso facettenreich wie der Holunder ist die Kartoffel. Säen, pflegen und warten, ein Projekt, das die Gruppe über viele Monate begleitet. Das Wetter im Frühling gibt den Start vor. Es ist ein ganz besonderes Erlebnis, die Kartoffel in die vorbereitete Erde zu legen. Dann wird das Feld über viele Wochen gehegt und gepflegt. Bei Trockenheit muss es gewässert und auch das Unkraut entfernt werden. Die Kartoffelkäfer werden abgesammelt, und schließlich beobachten alle den Prozess des Reifens, der sich durch das Verwelken des Kartoffellaubes zeigt. Irgendwann dann folgt der „große Tag". Jedes Kind ist eifrig am Buddeln und Graben und staunt, als es entdeckt, was alles aus einer einzigen Kartoffel gewachsen ist.

Die alte Tradition des Kartoffelfeuers, vielleicht mit Oma und Opa als generationenübergreifendes und ergreifendes Erlebnis, wird lebendig und bei allen bleibende Eindrücke hinterlassen.

Fragen Sie doch einen Bauern aus Ihrer Nähe, ob Sie ein kleines Stück seines Feldes für dieses Projekt zur Verfügung gestellt bekommen. Aufeinander zugehen öffnet Türen und Herzen.

„Lasst uns einen Spielplatz bauen!“ – Gelebte Nachhaltigkeit

Unter Nachhaltigkeit ist nicht nur Umweltschutz zu verstehen. Nachhaltig leben bedeutet, schon heute bedürfnisorientiert an morgen zu denken, auch unter sozialen Gesichtspunkten. Und hier greift dieses schöne Projekt. Die Kinder im Waldkindergarten spielen mit allem, was sie in der Natur finden. Dabei achten sie darauf, die Pflanzen und Tiere in ihrem Lebensraum zu schützen. Sie erlernen richtiges Handeln und passen ihre Vorgehensweise den Gegebenheiten an. Eine wichtige Regel ist es, lebende Pflanzen zu achten.

Wir verwenden nur in Ausnahmefällen einen frischen Zweig und dann auch jeweils nur einen pro Busch, um uns beispielsweise eine kleine Pfeife zu schnitzen. Beim Einzug in unser Waldkindergartengelände wurde natürlich der Wunsch nach Spielgeräten laut, so wie die Kinder es aus ihrem privaten Umfeld kennen und gewöhnt sind. „Ich möchte eine richtige Schaukel haben, ich schaukele so gerne!“, kommt ein kleines Mädchen auf mich zu.

Gemeinsam überlegen wir, ob sich dieser Wunsch erfüllen lässt. Und da nichts unmöglich ist, finden wir auch rasch eine Lösung. Zwischen zwei Bäumen befestigen wir mit fachmännischen Knoten ein Tragseil (Ein wunderbares Praxisbuch dazu finden Sie im Literaturteil.), an das zwei Längsseile angebracht werden. Dann suchen wir uns einen langen und stabilen Stock und hängen ihn mithilfe entsprechender Knoten in die Seile ein – fertig ist die Schaukel.

Mit nur wenigen Handgriffen haben sich die Kinder fast ganz alleine ein wunderbares Spielgerät mit großem Spaßfaktor geschaffen, welches auch ganz schnell auf- und weggeräumt werden kann. Nach ein paar Wochen wird die Schaukel an zwei neuen Bäumen angebracht, um die Rinde nicht zu stark zu belasten und den Boden nicht zu sehr zu verdichten.

Auch eine Leiter zum Klettern entsteht schnell mit wenigen Hilfsmitteln. Zwei lange Stöcke und für die Sprossen kurze Aststücke, ein paar Seile – mehr ist nicht notwendig. Es braucht kein betoniertes Fundament, keine Schrauben und Haken und jedes Spielzeug kann bedürfnisorientiert eingesetzt werden.

Die Kinder haben sich bei uns übrigens auch ganz selbstständig eine Wippe gebaut. In einer gut abgesprochenen Aktion haben sie mit vereinten Kräften einen langen, gefällten Baumstamm an den ausgewählten Platz getragen und ihn auf einer alten Wurzel so aufgelegt, dass er sich ausbalancierte. Und schon nahmen sie links und rechts ihre Plätze ein. Die Kinder erwiesen sich wieder einmal als sehr einfallsreich, kreativ und ausdauernd. Vertrauen wir ihnen und lassen wir sie tun. So sind Erfolgserlebnisse sicher.

Es versteht sich von selbst, dass die Spielgeräte der Aufsicht bedürfen. Die Knoten sind regelmäßig zu kontrollieren und auch der Standort muss den Anforderungen entsprechend gewählt werden. So ist etwa dafür zu sorgen, dass der Platz zwischen den Schaukelbäumen frei von Bodenwurzeln und Ästen ist, an denen sich die Kinder verletzten könnten. Beachten Sie auch, dass die Leiterhöhe kindgerecht angelegt ist. Es geht den Kindern nicht um das „Hochhinaus". Allein schon das Gefühl des Erklimmens erfüllt ihre Wünsche und steigert ihr Selbstbewusstsein.

Kleine Helfer ganz groß – Rettungsdienst/Feuerwehr und Polizei

Wie in jedem Hauskindergarten gibt es auch in den Wald- und Naturkindergärten regelmäßige Übungen und Projekte zu Rettungsdienst, Feuerwehr und Polizei.

- Was mache ich, wenn es im Wald brennt?
- Wo gehe ich dann hin?
- Kommt dann auch das Feuerwehrauto?
- Und wie kann ich helfen, wenn jemand verletzt wird?

Diese und viele Fragen mehr greifen wir auf und vermitteln sie kindgerecht. Es gibt bei uns Wurzelzwergen einen Notfallplan, den die Kinder in Gesprächen und praktischen Einheiten verinnerlichen. (Nachfolgend, bei der Thematik „Elemente", findet sich hierzu eine ausführliche Projektbeschreibung.)

Durch das regelmäßige Üben und Wiederholen der notwenigen Abläufe gewinnen die Kinder an Sicherheit und verlieren ihre Ängste. Das Üben kann wunderbar spielerisch umgesetzt werden. Geben Sie den Kindern dabei ruhig tragende Rollen. So kann ein Kind die Gruppe mit anführen, die Notfallglocke zusammen mit Ihnen schlagen und auch mal richtiges Verhalten erklären. Es erfüllt sie mit Stolz, helfen zu dürfen und zu zeigen, was sie schon alles leisten können.

Es bleibt immer ein ganz besonderes Erlebnis, wenn ein echtes Feuerwehrauto die Kindergruppe besuchen kommt – die Feuerwehrmänner und -frauen aus der Nähe zu sehen, vielleicht sogar in das Auto einsteigen zu dürfen und eine kleine Runde zu drehen, den Feuerwehrschlauch einmal selbst anfassen zu können. Solche Erfahrungen lassen die Kinder begreifen und lernen, vielleicht wird dabei sogar ein Berufswunsch wahr. Das Projekt zeigt sich mehr als nachhaltig.

Ebenso verhält es sich mit dem Rettungsdienst. Informieren Sie sich in Ihrem Umfeld. Die Leitstellen bieten zahlreiche Kurse an, die auch immer mehr direkt an Kindergartenkinder gerichtet sind. Das Verbinden einer Wunde, ein kleines Pflaster kleben, sogar die stabile Seitenlage wird geübt, und die Kinder zeigen sich dabei als sehr wissbegierig und eifrig. Und sollte es dann wirklich einmal zu einem echten Notfall kommen, trauen sie sich auch mehr zu und sind angstfreier.

Mit Blaulicht kommt ein Polizeiauto in den Waldkindergarten und alle Kinder staunen. Die Kinder sprechen mit einem echten Polizisten, sie dürfen, wenn sie möchten, sogar die Schutzweste anziehen.

Der freundliche Polizist zeigt ihnen seine echte Pistole und den Pistolengürtel – ein absolutes Highlight. Wir dürfen uns das Auto ganz genau ansehen und sind überrascht, was da so alles im Kofferraum ist. Bei unserm letzten Besuch fanden wir ein Seil und überlegten gemeinsam, wozu ein Polizist das wohl braucht. Ich verrate es Ihnen: Bei seinem letzten Einsatz war ein Esel auf die Straße gelaufen und mithilfe des Seils konnte er wieder in Sicherheit gebracht werden. Die Kinder und wir hatten wieder etwas dazugelernt.

Fazit: Diese Projekte sind immer mit Mehraufwand an Zeit und Organisation verbunden, aber sie zeichnen sich immer durch Erfolg und Nachhaltigkeit aus. Die Kinder sammeln dabei Erfahrungen für ihr ganzes weiteres Leben. Sie gewinnen die Erkenntnis, dass jeder helfen kann, und kleine Helfer*innen oftmals die Größten sind.

Die Farbe Grün im Jahreskreis

Die Arbeit im Waldkindergarten orientiert sich an den Jahreszeiten, und die Themenvielfalt ist unerschöpflich. Lassen Sie mich den Frühling als Beispiel herausgreifen. Charakteristisch für ihn ist die Farbe Grün. Kinder lernen die Farben kennen und unterscheiden. Dabei entwickeln sie nicht selten auch ihre ganz eigene Lieblingsfarbe. Ihr Umfeld, die Natur, alles ist geprägt von der Vielfalt der Farben.

Die Grundfarben Rot, Gelb, Blau und Grün sind schon bald vertraut, und gerade im Wald ist die Farbe Grün immer und überall präsent. Gehen Sie doch zusammen mit Ihren Kindern auf eine Frühlingsreise ins „Grünland“! Gesprächskreise bringen die Erfahrungen und Erlebnisse mit dieser Farbe hervor.

Mit unterschiedlichen Techniken und Materialien lässt sich diese Farbe auf Papier zaubern. Blaubeersträucher lassen sich ebenso zum Malen benutzen wie Blätter von Bäumen. Auch Fichtennadeln geben durch Reiben Farbe ab. Aus kleinen Zweigen lassen sich im Nu Pinsel anfertigen. Dazu werden mit einer Schnur kleine Blätter oder Zweige um einen Stock gebunden.

Natürlich kommt im Waldkindergarten auch richtige Farbe zum Einsatz. Beobachten Sie einmal die Kinder beim Experimentieren mit der Farbe Grün. Sie werden staunen, wie viele Grüntöne dabei entstehen.

Ein besonders beliebtes Spiel bei den Kindern ist die Suche nach Grün. Aus Pappe werden kleine Scheiben geschnitten, vielleicht auch in Form einer Malerpalette. Schneiden Sie ein kleines Loch hinein, durch das der Daumen gesteckt werden kann, sodass die Kinder die Scheibe sicher in der Hand halten können. Dann kleben Sie ganz nach Belieben beidseitig klebende Fotoecken auf.

Nun ziehen die Kinder los und suchen verschiedene Grüntöne im Wald. Sind sie fündig geworden, nehmen sie ein kleines Stück davon und fixieren es auf ihrer Palette. Übrigens eignet sich dieses kleine Spiel auch wunderbar für einen Elternabend.

Als Abschluss dieses Projektes bietet sich ein „Grünschmaus“ an. Dazu decken Sie mit den Kindern den Waldboden mit einem grünen Tischtuch, grünem Geschirr, das die Kinder von zuhause mitgebracht haben, und grünen Zweigen. Zu essen gibt es alles, was grün ist, und jedes Kind hat seinen Teil selbst besorgt und mit in den Waldkindergarten gebracht. Die Tafel wird reich gedeckt sein mit Gurken, Paprika, Kresse und Kräuterbrot, Weintrauben, Äpfeln, als Nachspeise vielleicht grüne Gummibärchen oder Wackelpudding. Da ist sicherlich für jeden Geschmack etwas dabei und keiner bleibt hungrig. Guten Appetit wünsche ich!

Ein Tipi im Waldkindergarten

Das Leben der Indios – Kulturelle Vielfalt im Waldkindergarten kennenlernen und erleben. Mitten auf dem Waldplatz steht ein wunderschönes großes Tipi, genauso eines, wie es früher die Lakota bewohnt haben. Das ist eine Stammesgruppe aus Amerika. Für uns dient es als Unterschlupf vor Regen und Wind.

Und jetzt sind wir neugierig.

- Gibt es diesen Stamm heute noch?
- Und wer hat eigentlich so ein Tipi aufgebaut und wie?
- Wie lebt man in so einem Zelt und regnet es da nicht hinein?

Auf diese und viele Fragen mehr wollen wir eine Antwort finden. Und ein neues Projekt ist geboren.

Über einen langen Zeitraum begleitet uns dieses Thema nicht zuletzt darum, weil wir selbst mit unserem Tipi die unterschiedlichsten Erfahrungen machen. Es regnet tatsächlich ein bisschen hinein und die Tropfen, die ihren Weg von den Tipistangen nach unten finden, zeichnen eine wunderschöne Sonne auf den Boden.

Wir haben im Team beschlossen, tiefer in die Materie einzutauchen, und so bekommt jedes Kind und auch wir Erwachsene einen echten Indionamen, der laut Tradition die Charaktereigenschaften der betreffenden Person bezeichnet. In einer kleinen Feierstunde wird jedes Kind mit einer kleinen Holzscheibe beschenkt, auf der der neue Name geschrieben steht. Projektinhalte sind die Zeichensprache, die Bildsprache und die Essgewohnheiten ebenso wie das Jagdverhalten, die Lebensgewohnheiten und auch die Musik.

Es ist eine spannende und lehrreiche Zeit, die in einem Fest mit dem Besuch von einer Familie, die in ihrer Freizeit in einem Tipidorf die Kultur lebt, ihren Höhepunkt findet.

Andere Kulturen, andere Lebensweisen, eine andere Sprache, ein anderes Aussehen, all dies ist für alle Kinder sehr lehrreich, eindrucksvoll und nachhaltig. Diese Art von Projekten ermöglicht es, Brücken des Vertrauens zu bauen und lässt Verständnis und Respekt zwischen den unterschiedlichen Kulturen entstehen und kulturelle Vielfalt wird erlebbar.

Ein Stock: Vom Zauberstab zum Werkzeug

Der Wald und die Natur bieten eine Fülle an Spielmaterialien. Überall finden sich Stöcke in allen Formen und Größen. Keiner ist wie der andere, jeder ist ganz individuell und besonders. Es gibt kein anderes Beschäftigungsmaterial in der freien Natur, das sich so wunderbar vielseitig einsetzen lässt wie ein

Stock, ein Ast oder ein Zweig, und dieses Stück Holz zählt auch nicht von ungefähr zu den Lieblingsspielzeugen der Kinder.

Mal ist es ein Zauberstab, ein Schwert, ein Pinsel, ein Löffel oder auch ein Wegbegleiter, ein Wanderstab. Der Stock dient als Hilfsmittel beim Fährtenlesen, er erforscht die Bodenbeschaffenheit, wird als verlängerter Arm eingesetzt, wenn es in die Wasserpfütze geht. Die Fantasie kennt keine Grenzen, und mit so einem Stock lassen sich viele Abenteuer erleben. Oft ist dieser Stock auch eine Art Haltestab, ein Schutzschild und nicht selten auch eine Waffe, die zur Verteidigung eingesetzt wird.

Alle Kinder kämpfen gerne und diese Lust am Raufen und Rangeln sollte nicht unterbunden werden. Es ist selbsterklärend, dass dabei konsequent auf die Einhaltung von klaren und nachvollziehbaren Regeln geachtet wird. Kinder, gerade auch jene, die eher schüchtern und zurückhaltend sind, stehen dabei vor einer besonderen Herausforderung. Sie erleben ihre eigenen Kräfte, sind nicht selten überrascht wieviel Mut in ihnen steckt, was sich förderlich auf ihr Selbstbewusstsein auswirkt. Sie lernen durch Fairness einen respektvollen Umgang untereinander und schulen ihre motorischen Fähigkeiten. Trägt ein Kind den Stock senkrecht am Körper, so geht es bewusst aufrecht. Es spürt die Schwerkraft des Stockes, was zu unterschiedlichen Bewegungsabläufen führt und so den ganzen Bewegungsapparat des Kindes stärkt.

Doch der Umgang mit dem Stock will geübt sein. Eine der wichtigsten Regeln ist es, den Stock beim Gehen niemals vor sich her zu tragen. Er wird hinter dem Körper geführt und berührt mit dem Ende den Boden. Mit einem Stock in der Hand wird auch immer langsam gegangen. Bei Kämpfen muss darauf geachtet werden, seinem Gegenüber mit entsprechendem Abstand zu begegnen und die Augenhöhe bei den Aktionen zu vermeiden. Außerdem ist die Länge der Stöcke beim Rangeln von Bedeutung; als Faustregel kann man sich die Körperhöhe des Kindes merken.

Sind die Kinder besonders kampffreudig, dann bauen Sie doch gemeinsam einen Strohsack. Dafür füllen die Kinder alte Säcke mit Stroh oder Heu und befestigen diese an einem Holzstab oder hängen alles an einen Ast auf Kinderhöhe auf. Jetzt kann jeder seine Kräfte daran messen, natürlich der Reihe nach. Alles verpackt in ein Wettspiel mit selbsterstellten, aber sicheren Regeln schafft Orientierung, fördert das Verantwortungsgefühl und trägt zum Spielerfolg bei.

Das Spiel mit dem Stock benötigt keine große Planung und Vorbereitung. Sie sind mit Ihrer Kindergruppe im Wald angekommen und die Kinder suchen sich einen Stock oder einen Ast, ohne dass Sie sie dazu animieren. Achten Sie einmal darauf! Stöcke sind für die Kinder irgendwie kleine Bäume und schaffen so einen Zugang zur Natur, zum Leben. Wir Erwachsene sind in der Verpflichtung, den Kindern dies zu ermöglichen. Mit den nachfolgenden Ideen möchte ich Ihnen eine kleine Sammlung an die Hand geben, wie das Spiel mit dem Stock bereichert wird.

Spiele mit Stöcken für Wald und Wiese

Geschichte: „Ein Abenteuer an der alten Eiche"

Tief in einem sehr alten Wald steht auf einer kleinen Lichtung eine alte Eiche. Lange schon ist sie das Zuhause für zahlreiche Tiere. Unter ihrer dicken Rinde wohnen auch viele tausend Holzkäferlarven. Sie fressen und schmatzen am Holz, ihrer Lieblingsspeise. Oben in der Baumkrone klopft ein Specht und hämmert gegen den Stamm. Er hat großen Hunger und Holzkäfer frisst er für sein Leben gern. Plötzlich springt ein Eichhörnchen dicht an ihm vorbei, es klettert von Ast zu Ast. Erschrocken fliegt der Specht davon. Die Holzkäferlarven bekommen von all dem nichts mit, sie fressen und fressen, sie knabbern und schmatzen munter weiter, unter der dicken Rinde der alten Eiche auf der kleinen Lichtung tief in einem sehr alten Wald.

Es macht den Kindern großen Spaß die Geschichte mit Stöcken zu begleiten. Sie vertonen das Fressen der Larven, das Klopfen des Spechtes und das Springen des Eichhörnchens.

Stapelstöckchen

Das erste Kind beginnt und legt zwei Äste nebeneinander auf den Boden. Das nächste Kind legt seine Äste quer darauf, damit eine zweite Etage entsteht. So wird langsam ein Stockturm gebaut. Wer baut den höchsten Turm aus Stöcken – oder bauen wir gemeinsam den größten?

Kippstock

Zwei Kinder stellen sich gegenüber und halten ihre auf den Boden gestellten Stöcke fest. Auf ein Kommando lassen sie los und greifen nach dem jeweils anderen Stock des Gegenübers, ohne, dass dieser dabei umfällt. Dies kann auch im Kreis mit vielen Teilnehmer*innen gespielt werden. Dabei können die Richtungen (links/rechts) mit unterschiedlichen Kommandos gewechselt werden (z. B. HipHop). Schwierig wird es, wenn dazwischen noch in die Hände geklatscht werden soll.

Bilderrahmen aus Stöcken für eine Waldvernissage

Dazu werden vier etwa gleichlange Stöcke an den vier Ecken mit Draht oder Wolle verbunden. Der Rahmen kann mit Fundstücken vom Waldboden geschmückt werden. Mit Wolle bespannt, wird ein Waldwebrahmen daraus, in den ebenso Schätze aus dem Wald eingewebt werden können. Die fertigen Rahmen können dann überall im Waldkindergarten aufgehängt werden.

Stocknetz

Ein Stock wird zu einer/m Mitspieler*in geworfen, der fängt ihn auf und sagt seinen Namen, und wirft den Stock dem Nächsten zu. Wenn alle einmal an der Reihe waren, wird der Stock in der gleichen Reihenfolge wieder von Spieler*in zu Spieler*in geworfen. Dieses Mal nennt der Werfer den Namen.

Wurfspiel

Fünf Stöcke bilden fünf verschiedene Punktbewertungen und sollen mit einem kleinen Kranz, der aus Ästen gebunden wurde, getroffen werden. Der Spieler mit den meisten Punkten gewinnt.

Walddomino

Verschiedene Waldschätze werden ebenso wie beim bekannten Domino aneinandergereiht. Beispiel: Ast – Blatt – Blatt – Zweig – Zweig – Stock – Stock - …

Riesenmikado

Stöcke von etwa einem Meter Länge werden jeweils an den Enden in eine Farbe getaucht. Es werden verschiedene Farben verwendet, wobei darauf zu achten ist, dass die beiden Enden eines Stockes die identische Farbe bekommen. Jede Farbe hat nun einen anderen Punktwert. Nachdem alles gut getrocknet ist, werden alle Stöcke zu einem Bündel gefasst und, ähnlich dem echten Mikado, auf den Boden fallen gelassen. Nun heißt es einen Stock nach dem anderen abzunehmen, ohne dass sich die Stöcke dabei bewegen. Die Punktwerte der Farben ermitteln den Sieger.

„Mein Stock" – Stocksalat

Jeder sucht sich einen Stock und sieht ihn sich ganz genau an. Dann werden alle Stöcke in die Mitte gelegt. Ein Kind nimmt sich einen Stock vom Stapel und beschreibt ihn genau: Der „Stockbesitzer" muss ihn erkennen.

Mein Wanderstock

Jedes Kind sucht sich einen ganz individuellen Wanderstock und befestigt ein paar kleine Haushaltsgummis in bunten Farben daran. Diese sind zwar nicht gerade das nachhaltigste Material, haben sich aber gerade auch für die Jüngeren sehr bewährt, weil sie damit selbstständig und erfolgreich agieren können. In diese kleinen Gummis können die Kinder nun gesammelte Waldschätze einstecken und so ihren Stock personifizieren. Natürlich sind auch bunte Bänder und Schnüre geeignet. Mit diesem tollen Wanderstab geht die Abenteuerreise dann erst richtig los.

Ein Würstchenspieß

Jetzt ist Schnitzen angesagt. Ein langer Stock wird mit dem Schnitzmesser nach den gelernten Schnitzregeln angespitzt und dient dann als Würstchenspieß oder als Haltestab für leckeres Stockbrot am Lagerfeuer.

Sprechstab

Mit bunter Wolle umwickelt wird der Stock von demjenigen Kind, das etwas erzählen möchte, gehalten und dann zum/zur nächsten Sprecher*in weitergereicht. So üben die Kinder das aufmerksame Zuhören und das Abwarten, bis sie selbst an der Reihe sind. Auch in der Kultur der Indios tauchen diese Sprechstäbe immer wieder auf und sind zur Nachahmung sehr zu empfehlen.

Weitere Stockideen

Pfeil und Bogen, Zauberstab und Hexenbesen, Pinsel, Traumfänger, Trommelstöcke, Astrasseln, ein Floss aus Stöckchen oder eine Angel, ein Bilderrahmen aus Stöcken für die Waldvernissage, und vieles mehr. Ich wünsche Ihnen allen zahlreiche und kreative Spiele mit diesem unerschöpflichen und wertvollen Spielmaterial. Beim nächsten Ausflug nach draußen sehen Sie den Kindern zu, bücken Sie sich nach einem Stock, einem Ast oder einem Zweig und lassen Sie sich einmal überraschen, was daraus werden wird!

Die vier Elemente: Feuer – Wasser – Erde – Luft

Feuer, Wasser, Erde und Luft: Die vier Elemente der Erde. Wasser gilt als besonders starkes Element, denn ohne Wasser könnten wir nicht leben. Die Erde als Element umfasst die gesamte Natur. Die Kinder erleben sie beispielsweise als matschig, nass oder sandig. Nehmen Sie einen Perspektivenwechsel ein und sehen den Matsch nicht als Dreck, sondern als „Gold des Waldes“. Feuer übte schon immer eine ganz besondere Faszination auf uns Menschen aus – natürlich auch auf Kinder. Am Lagerfeuer zu sitzen, Stockbrote zu backen, Würstchen auf selbst geschnitzten Spießen zu grillen, ist Abenteuer pur. Feuer kann allerdings auch zerstören und birgt zahlreiche Gefahren, die es den Kindern zu vermitteln gilt. Das Element Luft ist unsichtbar und lässt sich leicht mit dem Wind erklären. Die Wichtigkeit dieses lebensnotwendigen Elementes beschreibt eine alte Faustregel, nach der der Mensch drei Wochen ohne Nahrung, drei Tage ohne Wasser aber nur drei Minuten ohne Luft überleben kann.

Im Waldkindergarten und in der Natur gibt es unzählige wunderbare Möglichkeiten, die Kinder mit den Elementen vertraut zu machen, ihnen deren Wertigkeit zu veranschaulichen und behutsam richtiges Verhalten zu vermitteln.

Feuer

Feuer verbrennt, es hält warm, es macht Geräusche und es gibt Licht. Mit Feuer im Ofen kann man kochen, am Lagerfeuer Würstchen grillen und vieles mehr. Wägen Sie Gefahren sorgsam ab, aber halten Sie diese einmaligen Erfahrungen nicht fern von den Kindern. Im Waldkindergarten spielt Feuer oft eine zentrale Rolle. Es stellt meist die einzige Wärmequelle an kalten Wintertagen dar. Wasser für einen leckeren Tee lässt sich über dem Feuer erwärmen, nasse Handschuhe trocknen auf einer Leine über dem Ofen und das Knistern begleitet eine Geschichte.

Wir üben den Notfall

Die Kinder kennen die Gefahren. Regelmäßige Übungen zu Rettungsaktionen geben den Kindern und dem Personal Sicherheit und schaffen ein Vertrauen untereinander. Bei uns Wurzelzwergen gibt es eine Schiffsglocke auf dem Platz. Wenn diese Glocke läutet, dann bedeutet es für die Kinder, dass unverzügliches Reagieren angesagt ist. Nur bei Gefahr wird diese Glocke von einem Teammitglied geläutet. Die Kinder und das Team begeben sich zu einem abgesprochenen Platz. Wir haben ein Schild an einem Baum angebracht, auf dem ein Feuerwehrauto aufgemalt ist. Von dort gehen wir gemeinsam über einen kleinen Waldweg Richtung Straße zu unserem Sammelpunkt, der mit einem grünen Schild gekennzeichnet ist und warten auf die Rettungsfahrzeuge. Den Kindern ist dieser Ablauf bekannt und wir üben ihn in regelmäßigen Abständen, um Ängste und Panik für den Ernstfall vorzubeugen.

Beim Entzünden des Lagerfeuers gibt es wichtige und konsequente Regeln. In Trockenübungen lässt sich das richtige Bauen einer Feuerstelle sehr gut einüben.

- Wo darf ein Feuer entzündet werden?
- Wie baue ich ein Lagerfeuer?
- Was muss ich beachten?

Mit dieser kleinen Checkliste können Sie erste Unsicherheiten abbauen:

- Holen Sie für ein Lagerfeuer unbedingt eine Genehmigung ein (Antrag auf dem Amt für Ernährung, Landwirtschaft und Forsten, eventuell auch eine Baugenehmigung auf den zuständigen Baubehörden und die Abnahme durch einen Kaminkehrermeister).
- Der Lagerfeuerplatz befindet sich in einem baumfreien Waldstück.
- Die Lagerfeuerstelle ist mit feuerfestem Unterbau und Umbau gestaltet.
- Sorgen Sie für eine Abdeckung bei Nichtbenutzung.
- Achten Sie auf die Wetterverhältnisse (Trockenheit, Wind).
- Stellen Sie immer Löschwasser bereit, auch Erde und Sand kann zum Löschen benutzt werden.

- Ein Feuer darf nie unbeaufsichtigt bleiben und muss immer vollständig gelöscht werden.

Bitte informieren Sie sich bei der für Sie zuständigen Behörde über alle wichtigen Einzelheiten, die es beim Betreiben einer Feuerstelle zu beachten gibt. Sinnvoll ist auch immer eine professionelle Einweisung durch die zuständige Feuerwehr.

Feuer übt auf die Kinder eine große Faszination aus. Unsere „Kobolde", die großen Kinder, können es immer kaum erwarten, ihre Feuerprüfung abzulegen. Prüfungen sind nicht für alles die Lösung, denn Sie setzen durch ihre Erwartungshaltung enorm unter Druck und führen nicht selten zu unzureichenden Ergebnissen. Doch durch die Gefahr, die vom Element Feuer ausgeht, halten wir diese Methode durchaus für vertretbar. Bei bestandener Feuerprüfung bekommen die Kinder das „goldene Zündholz" überreicht.

Die Feuerprüfung

Alles beginnt mit einem Gespräch, in dem alles zusammengetragen wird, was den Kindern über die Thematik „Feuer" bekannt ist. Das Märchen, das erzählt, wie das Feuer auf die Erde gekommen ist, eignet sich wunderbar als Einstieg. Die Kinder erzählen sehr gerne von ihren Erfahrungen, sie üben sich dabei im gegenseitigen Zuhören und in der Wertschätzung gegenüber anderen. Alles basiert dabei auf Freiwilligkeit, und es geht auch nicht darum, fachliches Wissen einzubringen. Die Kinder erarbeiten sich das Thema eigenständig.

Wir Erzieher*innen agieren dabei als Impulsgeber und Begleiter. Die Feuerwehr und deren Aufgaben werden dabei ebenso Gesprächsinhalte sein, wie die vielen Genehmigungen, die eine Feuerstelle erfordert. Da wird vielleicht der Bürgermeister zu einer Diskussion eingeladen oder eine Person aus dem zuständigen Amt, die den Kindern erklärt, welche Verantwortung man hat, wenn man ein Feuer machen möchte.

Sind dann all die Fragen und Unklarheiten beantwortet, können Taten folgen: Eine Feuerstelle wird gebaut und alle packen kräftig mit an. Die Kinder sprechen sich untereinander für die unterschiedlichen Aufgaben ab. Wer ist zuständig für das „Füttern" des Feuers, wer übernimmt die Feuerwache und wer kümmert sich um das Löschmaterial? Jeder Wurzelzwerg, der an dem Projekt beteiligt ist, übt auch das Entzünden eines Streichholzes.

Dabei hat er trainiert, ohne Angst damit umzugehen: Mit ruhiger Hand wird ein Streichholz aus der Schachtel entnommen, eine Hand wird zur Kralle geformt und hält die Schachtel gut fest. Vom Körper weg wird das Zündholz dann entzündet und die Flamme anschließend auch wieder in Ruhe gelöscht.

Erst wenn dies gelingt, setzen wir das Gelernte am Lagerfeuer um. Nach all dem Übern und Lernen, das durchaus mehrere Wochen dauern kann, versammeln wir uns dann am Lagerfeuer.

Die goldenen Zündhölzer werden überreicht – diese ehrenvolle Aufgabe übernehmen unsere Amselkinder, die Jüngeren unter uns. Jetzt, nach bestandener Feuerprüfung, dürfen die Kinder immer am Lagerfeuer helfen. Die Regeln, die dabei zu beachten sind, haben die Kinder alle verinnerlicht und auch die allerwichtigste Regel wird immer beachtet: Es wird nie ohne einen Erwachsenen ein Feuer entzündet!

Wasser

Ein Regentag im Waldkindergarten

Morgens, acht Uhr – es regnet! Die ersten Kinder treffen am Parkplatz ein. Die Wurzelzwerge stecken in Matschhosen, die Kapuze ist ins Gesicht gezogen, der Rucksack mit der Regenhülle geschützt auf den Rücken geschnallt und ein neuer Tag kann beginnen. Es regnet!

Lachend und froh gelaunt kommen wir am Waldplatz an und haben auch schon die ersten Pläne geschmiedet, was heute so alles ansteht. Wir wollen zusammen mal so richtig „abhängen". Dazu spannen wir ein Seil zwischen zwei Bäumen, bringen eine Seilrolle an, legen das Sicherheitsgeschirr bereit und die ersten mutigen Wurzelzwerge können es kaum erwarten, über das Seil von Baum zu Baum zu sausen. Es regnet! Inzwischen ist es kurz vor zehn Uhr. Zeit, um Brotzeit zu machen. Die Regenjacken sind im Dauertest und die ersten davon werden nun gegen trockene ausgewechselt. Im Bauwagen, unserer „Frieda", wie wir ihn liebevoll nennen, übernehmen zwei Kinder die Vorbereitungen. Sie stellen Stühle bereit, kehren einmal durch und weisen den ankommenden „Gästen" Plätze zu.

Wir machen es uns heute so richtig gemütlich, spielen ein bisschen Musik und lassen uns all die Leckereien schmecken. Es regnet! „Lasst uns doch alle zusammen auf Regenwanderung gehen!“ Mein Vorschlag findet Zuspruch von allen, und wir machen uns auf den Weg. Wir starten mit einem lustigen Spiel: Wir stellen uns auf und ein Kind bestimmt die Richtung! „Links“, lautet die erste Anweisung und so bewegen wir uns alle eben nach links in den Wald. „Rückwärts“, lautet der zweite Befehl, dann „geradeaus“ und so geht es weiter, bis wir keine Lust mehr haben.

Wieder auf dem Waldweg angekommen, läuft uns das Wasser als Bach entgegen. „Wo kommt das denn eigentlich her?“ Dieser Frage gehen wir mal nach. Wir müssen dazu einfach dem Wasserlauf folgen, mal sehen, wo wir landen. Es regnet! Nach 20 Minuten bergauf sind wir aus dem Wald auf einer Lichtung gelandet. Immer noch läuft uns das Wasser entgegen, aber wir beschließen, doch lieber den Rückweg anzutreten und das Rätsel ein andermal zu lösen.

„Wir laufen aber nicht den gleichen Weg zurück, das ist ja voll langweilig.“ „Nö, lasst uns doch dort rechts in den Waldweg einbiegen, der führt bestimmt auch zurück!“, bemerken einige Kinder. Der Weg ist fast nicht zu erkennen, so dicht ist er mit Gras bewachsen.

Und auf einmal ist er ganz weg, nur noch Bäume sind um uns. Das ist Abenteuer pur – wir haben einen Abenteuerweg gefunden! Es regnet! „Hört Ihr das auch?“. Irgendwo plätschert es ganz laut. Und da entdecken wir links den Hang hinunter einen kleinen Bach, der aufgrund des Regens ziemlich gut gefüllt ist. Da müssen wir hin.

Es geht ziemlich steil bergab, aber alle schaffen es, und wir kommen in ein kleines Zauberland. Über große Steine lässt sich der Bach sogar überqueren, und die ganz Mutigen wagen dies auch erfolgreich. So langsam drängt es aber, in einer Stunde ist der Kindergarten zu Ende und wir suchen den Pfad zurück. Der führt uns wieder bergauf, durch einen kleinen Mooswald bis zu einem Weg.

Dort beginnen wir einen kleinen Wettkampf. Schwimmen, Radfahren und Laufen heißen die Disziplinen. Kein Problem! Wir schwimmen geübt durch die riesigen Pfützen, düsen über die Wurzeln und joggen die letzten Meter bis zu unserem Waldkindergarten. Und.... Es regnet!

Diesen Regenvollzeittag beenden wir mit einer gemeinsamen Trinkpause in unserer „Frieda“ und einer Regenparty aus dem Radio. Das hat Spaß gemacht und wir sind uns einig: Bei Sonnenschein kann jeder draußen sein! Wir Wurzelzwerge aber sind absolute Regenprofis und Abenteuerwegentdecker. Die Eltern kommen uns abholen und es regnet!

Das Element Wasser lässt sich gerade im Naturraum wundervoll erleben. Die

Kinder experimentieren, erfahren und entdecken nachhaltig. Die Ressource Wasser steht im Waldkindergarten meist nur begrenzt zur Verfügung. Ein Wasseranschluss ist eher die Ausnahme.

In vielen Waldkindergärten wird täglich Wasser in Kanistern oder praktischen Isobehältern auf den Platz gebracht. Meist übernehmen die Eltern diese Tätigkeit. Wasser wird als kostbares Gut erlebt und die Kinder üben sich im wertschätzenden Umgang. Zusätzlich ist es anzuraten, Regentonnen aufzustellen. Das Sammeln von Regenwasser ist ausdrücklich erlaubt und lässt uns alle einen Beitrag für die Umwelt leisten.

Dieses Wasser eignet sich hervorragend zum Reinigen, etwa von Pinseln, Tischen und Sitzgelegenheiten, aber auch zum Gießen und zum Experimentieren. Es ist jedoch auf eine sichere Abdeckung der Sammelbehälter zu achten. Außerdem dürfen Kinder nicht unbeaufsichtigt an die Wasserreserven. Aber auch für Tiere stellen Regentonnen eine Gefahr dar. Eichhörnchen suchen Wasserstellen gerne auf, um daraus zu trinken und wenn sie hineinfallen, kommen sie aus der Tonne aus eigener Kraft nicht mehr heraus. Stellen Sie deshalb immer einen langen Stock hinein, den der Kobold dann als Kletterhilfe benutzen kann.

Erde

Der Lieblingsort aller Kinder ist draußen. Dort gibt es genügend Raum zum Spielen, Toben, Lernen, Lachen und zum Experimentieren. Lassen Sie doch einmal einen Regentropfen erzählen, wie er die Erde sieht. Wohin er wohl geht, wenn er auf die Erde fällt und was dann eigentlich passiert? Buddeln Sie mit den Kindern in der Erde. Die verschiedenen Schichten sind oft leicht zu erkennen und regen zum Nachdenken an.

Die Kinder werden von sich aus ausprobieren, anfassen, fühlen und riechen. Jeder Baum zeigt seine Wurzeln, manche über der Erde, andere unter der Erde.

- Wozu hat der Baum die eigentlich?
- Hält er sich damit in der Erde fest?
- Und stimmt es, dass der Baum aus der Erde seinen Durst stillt?

Philosophieren Sie mit den Kindern. Haben Sie den Mut, sich darauf einzulassen. Sie werden staunen, was Sie selbst dabei alles von und mit den Kindern lernen können. Und ganz wichtig ist es, sich bewusst zu machen, dass Erde kein Dreck ist. Erde ist ein Element, das bespielt werden kann und muss, dass zu „Gold“ für die Kinder werden kann, wenn wir sie nur lassen.

Wenn Matsch durch die Finger fließt, führt das oft zu sehr sinnlichem Erleben. Ähnliches gilt für den Lehm, der sich kunstvoll bearbeiten lässt. Die Kinder spielen sehr intensiv mit Erde und Sand. Sie erfahren, begreifen und schulen so ihre taktile Wahrnehmung. Nasser Sand und feuchte Erde lassen sich anders verbauen als im trockenen Zustand. Das Spiel und das gesamte Spielverhalten ist draußen in der Natur viel aktiver als im Haus, und selbstgemachte Erfahrungen lassen Zusammenhänge nachhaltig verstehen. In Sand und Erde zu spielen, fördert ganz besonders auch die Motorik und leistet so einen wichtigen Beitrag zu einer optimalen Entwicklung der Kinder.

Leider gilt Erde in der Erwachsenenwelt häufig als wenig attraktiv und von geringem Wert, denn sie liegt ja einfach so draußen herum und ist auch noch umsonst. Es wäre schön, wenn viele Erwachsene sich die Kinder zum Vorbild nehmen würden und ebenso achtsam mit Lehm und Schlamm, mit Matsch, Dreck und Schmutz umgingen.

Ein Blick in die Ideenkiste

Aus nasser Erde und Lehm lassen sich furchterregende und spaßige Matschmonster bauen, lässt sich ein Damm errichten oder ein See anlegen. Mit Pinsel oder Stöcken lässt sich die Masse wunderbar als Farbe für Allerlei im Wald verwenden, da bekommt ein Baumstumpf einen Erdton oder ein alter Hackstock einen neuen Anstrich verpasst. Die Matschküche lebt von diesem Material und auch als „Peeling“ verwenden es die Kinder gerne. Natürlich sind die Kinder dann erdig und die Waldhose hat ihr leuchtendes Grün gegen ein graues und erdiges Braun eingetauscht. Aber die leuchtenden Kinderaugen sind die reinste Freude und die Eltern der Waldkinder spüren sie auch, diese Zufriedenheit und diese Ausgeglichenheit, wenn sie ihre glücklichen Dreckspatzen abholen.

Luft

Windräder, Blätterboote auf dem kleinen Bach, Drachensteigen auf der Wiese, das Rauschen in den Bäumen: Überall begegnen die Kinder der Luft. Alles ist in Bewegung, überall ist Luft im Spiel. Seifenblasen funktionieren nur mit Luft, ein Luftballon fliegt nur mit Luft, ein Blatt segelt durch die Luft sacht vom Baum. Es ist spannend, sich mit den Kindern auf eine Entdeckungsreise rund um das Thema „Luft“ zu machen. Ohne Luft gibt es kein Leben. Kinder sind ständig am Entdecken und am Forschen. Sie wollen den Dingen auf den Grund gehen und gehen voller Neugier an alles heran. Dadurch erschließen sie sich ihre eigene kleine Welt. Es ist immer wieder spannend, die Ideen der Kinder aufzugreifen und so ein Projekt entstehen zu lassen. Sie gehen unbefangen an eine Sache heran und finden Lösungen – kindgerecht und selbsterklärend. „Luft ist unsichtbar, die kann man nicht sehen!“, ruft ein Junge in die Runde. „Gar nicht wahr“, sagt ein anderer, „wenn es ganz kalt ist, wenn du dann die Luft aus deinem Bauch raus pustest, dann sieht man sie schon!“, gibt er zur Antwort.

Kleine Experimente zum Thema Luft

Die Blätter bewegen sich im Wind. Bunte Tücher, die in die Bäume gehängt werden, machen die Luft sichtbar.

Am Lagerfeuer wird deutlich, wie sich die Luft bewegt. Durch Pusten brennt es mehr. Wird es abgedeckt, bekommt das Feuer keine Luft mehr und erlischt.

Den Wind und damit die Luft kann man deutlich auf der Haut spüren. Die Kinder merken einen deutlichen Unterschied bei trockenen und bei nassen Händen.

Luft lässt Blätter tanzen und wirbelt durch die Getreidehalme auf dem Feld.

Zahlreiche Beobachtungen mehr bieten sich bei aufmerksamen Luftausflügen und Entdeckungsreisen. Kinder beobachten, probieren aus und haben Erfolgserlebnisse oder Scheitern. Sie lernen.

In der Filzwerkstatt – Kreativ bei jedem Wetter

Das Filzen beinhaltet eine Fülle von Lernerfahrungen für die Kinder. Es greift alle Elemente auf und ist eine sehr sinnliche Erfahrung.

- Wo kommt die Wolle her?
- Wie wird diese zur Filzwolle und wie kommt die Farbe hinein?

Diese Fragen sind nur einige Beispiele für die Gesprächsanlässe, die diese Thematik bietet.

Filzen eignet sich wunderbar als Höhepunkt für ein Projekt rund um das Schaf. Es lässt sich zu jeder Zeit sehr gut umsetzen. Im Sommer macht es Spaß, mit der Wolle zu arbeiten und im Winter ist es ein angenehmes Gefühl bei kalten Temperaturen mit den Händen in warmes Seifenwasser zu tauchen. Das kreative Arbeiten mit der Wolle spricht alle Sinne an und wirkt sich förderlich auf die Wahrnehmung und die Kreativität der Kinder aus. Sie spüren, riechen und tasten, sie entwickeln eigene neue Ideen und setzen diese in die Tat um. Besonders das Nassfilzen ist wunderbar für die Kinder geeignet und ist im Waldkindergarten sehr gut umsetzbar. Den Kontakt mit Wasser, Seife und der Wolle lieben die Kinder. Das Zupfen der Wolle, das vorsichtige Streichen und dann das kräftige Walken fordert zusätzlich Ausdauer und Konzentration. Und auch die Frustrationstoleranz wird geübt, denn nicht immer entspricht das Ergebnis den Vorstellungen. Der Prozess „Filzen" setzt auch eine gute Kondition voraus. Das anfängliche seichte Streicheln der Wolle erfordert mit dem fortschreitenden Verfilzen des Materials zunehmend mehr Druck und Kraft. Beides bedeutet für die Kinder eine Herausforderung, aber mit ein bisschen Unterstützung entstehen richtig tolle Ergebnisse. Ein selbstgefilztes Sitzkissen, ein Filzball oder auch eine gefilzte Fahne für die Räuberhöhle sind etwas ganz Besonderes.

Benötigte Materialien

In Webereien oder in Filzwerkstätten kann man sehr gute Qualität an roher und auch gefärbter Filzwolle erwerben. Ich empfehle, aufgrund der Nachhaltigkeit darauf zu achten, dass es sich um heimische Wolle handelt. Für den Filzprozess benötigt man ein Stück Kernseife oder Seifenflocken. Es funktioniert auch wunderbar, wenn man ein Seifenstück mit einem Küchenhobel fein über die Filzarbeit hobelt. Ich verwende gerne eine Autofußmatte als Unterlage und ein Stück Gardinenstoff zum Abdecken der Wolle. Dies verhindert ein Verrutschen der Motive, die auf die Filzarbeit aufgelegt werden. Warmes Wasser sorgt für ein wohliges Gefühl. Das Wasser ist für das Verfilzen das wesentlichste Zubehör. Und dann kann es auch schon losgehen.

Oft ist ein Rat von Expert*innen Gold wert. Mit den Kindern zusammen einen Filzkurs zu machen, vielleicht sogar direkt im Waldkindergarten, ist für alle ein tolles Erlebnis und eine effektive Lernerfahrung.

6 Feste und Feiern

Für ein Kind haben Feste und das Feiern eine große Bedeutung. Sie werden zu bleibenden und prägenden Erinnerungen, geben Sicherheit und ein Gefühl von Geborgenheit. Sie sind mit Freude, Spaß und schönen Erlebnissen verbunden. Durch das Feiern werden Traditionen lebendig gehalten, Einblicke in andere Kulturen vermittelt und eine Orientierung und Struktur im Jahreskreis geschaffen.

Alle Jahre wieder kommt der Nikolaus, das Weihnachtsfest, wird Ostern gefeiert und zu Fasching gibt es ein buntes Treiben. Der eigene Geburtstag ist der Höhepunkt im Jahr, auf den sich jedes Kind ganz besonders freut. Miteinander feiern und fröhlich sein, stärkt das Miteinander, lässt das Vertrauen zueinander wachsen und festigt die Gruppe. Wertschätzung und Achtung, Toleranz und Dankbarkeit prägen die Gemeinschaft. Deshalb sind Feste so wichtig und aus dem Kindergartenalltag nicht wegzudenken.

Eines der ersten großen Feste im Kindergartenjahr ist der Namenstag des heiligen Martin. Auch Lichterfeste werden gerne gefeiert. Beides lässt sich wunderbar im Waldkindergarten umsetzten. Es entsteht eine ganz besondere Atmosphäre, wenn die Kinder mit ihren selbstgebastelten Laternen durch den Wald ziehen. Und gerade draußen, an einem kalten Novembertag, lässt sich die Geschichte des Bettlers besonders innig erleben. Die Dämmerung im Wald zu erleben, ist immer ein beeindruckendes Erlebnis. Das gewohnte Umfeld wird plötzlich ganz anders wahrgenommen, bekannte Eindrücke werden neu erlebt.

Wir laden die Kinder zum Abschluss ihrer Kindergartenzeit zu einem Abenteuertag in den Wald ein, um ihnen ein großes Erlebnis zu ermöglichen. Eine Schatzsuche ist bei den Kindern stets sehr beliebt und lässt sich nirgends besser umsetzen als draußen.

Der Wald ist voller Leben und die Tierwelt steckt voller Geheimnisse, denen die Kinder gerne auf den Grund gehen. Überall stehen Bäume, dicke, dünne, hohe, kleine, Bäume mit Nadeln oder Blättern. Gehen Sie auf Entdeckungsreise und feiern Sie ein Baumfest mit den Kindern!

Nicht immer scheint die Sonne, aber das stört überhaupt nicht. Auch der Regen lässt sich feiern, ein Fest für Blumen- und auch Erdkinder lässt sich wunderbar in der Natur umsetzen. Hier können Sie kreativ sein, die Kinder mit in die Planung einbeziehen, aber auch ganz spontan an ein Thema herangehen. Denn was braucht es schon an Vorbereitung, um im Regen zu tanzen, einen Blumenkranz zu binden oder ein Fest am soeben entdeckten Ameisenhügel zu feiern?

Ein Fest soll Freude und Spaß bereiten. Die Kulisse bietet die Natur, die Themen ebenfalls und die Spiele und Lieder müssen nicht neu und modern sein. Es gibt eine Vielzahl an alten und bekannten Kinderliedern, die sich mit der Natur, den Pflanzen und den Tieren befassen. Greifen Sie auf dieses wertvolle alte Liedgut zurück und verzichten Sie darauf, all Ihre Energie in die oft aufwendigen Festvorbereitungen zu stecken. Weniger ist oft mehr, und die Kinder und auch wir Erzieher*innen profitieren davon. Sie selbst haben es in der Hand.

Nikolaus und Waldweihnacht

Die Adventszeit ist im Wald, in der Natur, eine ganz besonders sinnliche Erfahrung. Meist wird es tagsüber gar nicht mehr richtig hell, der Wald ist ergreifend still und ruhig, eine ganz andere Stimmung liegt in der Luft. Diese Zeit, die geprägt ist von Ritualen, bietet viele Möglichkeiten für innige und bleibende Erlebnisse. Die Vorfreude ist bei den Kindern deutlich zu spüren, wenn sie ihre Gummistiefel putzen, die das Jahr über im Waldkindergarten als Ersatzstiefel für Notsituationen stehen. Nun sollen sie sauber sein, damit sie der Nikolaus füllen kann. Und dann ist er da, der Nikolaustag. Die Kinder kommen erst am späten Nachmittag in den Waldkindergarten, sie haben ihre Martinslaterne dabei, um sich den Weg zu leuchten.

Alle zusammen gehen wir durch den Wald, um den Nikolaus zu suchen. Nach einiger Zeit kehren wir zum Waldplatz zurück und die Kinderaugen leuchten, als er wahrhaft vor ihnen steht. Mitten in ihrem Kindergarten, mitten im Wald ist der Nikolaus! Er hat auch wirklich alle Stiefel gefüllt. Mit Liedern, Gedichten und Spielen machen die Kinder dem Nikolaus eine große Freude. Und jedes Jahr laden sie ihn auch zum Mitmachen ein.

Beim „Nikolauserwärmungsspiel“ (ein kleiner Tanz oder eine Aktion, zu der der Nikolaus eingeladen ist) macht er sicher gerne mit, denn schließlich ist ihm schon ziemlich kalt, weil er so lange im Wald unterwegs ist. Bei den Eltern und Großeltern, die an diesem Fest teilnehmen, werden nicht selten Kindheitserinnerungen wach und sie sind sich stets einig, dass so ein Nikolausfest im Wald ein unvergessliches Erlebnis ist.

Die Zeit bis Weihnachten lässt sich mit adventlichen Ritualen gestalten. Die Kinder binden gemeinsam einen Adventskranz mit frischem Grün. Die vier Kerzen stehen sicherheitshalber in gestalteten Dosen oder Einweckgläsern, die mit Waldschätzen geschmückt sind. Ein echter Waldbaum kann den Mittelpunkt des Sitzkreises bilden. Täglich wird er mit einer Weihnachtskugel oder vergleichbarem Schmuck behängt. Es ist schon Tradition geworden, in dieser Zeit einen Adventskalender für die Tiere zu gestalten. Dazu bauen die Kinder im Vorfeld eine Futterkrippe, die sie an einem geeigneten Baum aufstellen. Jeden Tag gehen sie gemeinsam dorthin und legen Futter ab.

Der Advent ist geprägt von Liedern und Geschichten, Kerzenschein und leiser Musik. Auf achtsamen Wanderungen lässt sich die Natur erkunden und die ganz besondere Stimmung erleben.

Ruhe und Stille stehen im Mittelpunkt und weniger ist zumeist mehr. Dies gilt es, bei den Planungen von Advent und Weihnachten draußen im Wald, in der Natur, zu berücksichtigen. Wenn die vierte Kerze brennt, ist es soweit: Weihnachten steht vor der Tür. Draußen im Wald sind alle Kinder mit ihren Familien zu einer Waldweihnacht eingeladen.

Fasching im Wurzelwald

Kinder schlüpfen gerne in andere Rollen, sie probieren sich aus und sie wollen einmal jemand anders sein: Der mutige Ritter, der tapfere Pirat, die schöne Prinzessin oder auch die starke Pippi Langstrumpf. Das ganze Jahr über findet diese Leidenschaft in Rollenspielen ihre Berechtigung und zu Fasching seinen Höhepunkt. Auch im Waldkindergarten feiern die Kinder Fasching. Auch dort sind die Kostüme fantasiereich und originell, aber eben wetterfest.

Zwergenfasching im Wurzelwald

Zwerge essen für ihr Leben gerne Marmelade. Deshalb gibt es als Faschingsschmaus Krapfen (Kräppel, Berliner) und auch Butterbrote mit Marmelade. Mit einem Zwergenlied beginnt das bunte Treiben. Hier ist es immer von Vorteil, Lieder zu singen, die die Kinder bereits gut kennen, dann sind auch alle begeistert dabei.

Zwergige Spielvorschläge:

- Zwergenpolonaise durch den Wald

- Zwergenmützen aufhängen
  Aus Filz werden verschiedene Zwergenmützchen ausgeschnitten. Die Kinder bilden zwei Gruppen. Auf einer Leine zwischen zwei Bäumen hängen immer zwei Kinder die Mützen mithilfe einer Wäscheklammer auf. Die Gruppe, die ihr Körbchen als erster vollständig geleert hat, ist der Sieger.

- Zwerge im Bergwerk
  Wieder nehmen zwei Gruppen an diesem Spiel teil. Jeweils ein*e Erzieher*in wird einer Gruppe zugeteilt. Mit einer Schubkarre schiebt sie immer ein Kind nach dem anderen zum „Bergwerk“. Die Gruppe, dessen Zwerge zuerst vollständig bei der Arbeit angekommen sind, gewinnt.

- Zwerg Wurzelbart
  Die Kinder verwandeln sich bei diesem Spiel in den Zwerg Wurzelbart. Dazu stehen sich immer zwei Kinder gegenüber und beschmieren sich ihr Kinn gegenseitig mit Gesichtscreme. Darauf kleben sie sich dann auf die gleiche Weise ein Stück Watte.

- Schatzsuche
  Ein alter Wurzelstock, im Vorfeld mit einem Schatz gefüllt, wird von den Kindern ausgebuddelt. Die Kinder werden mit kleinen Briefchen von Zwerg Wurzelbart zu diesem Schatz geführt. Als Schatz eignen sich z. B. gefilzte Kugeln, in die ein Edelstein eingefilzt wurde. Selbstverständlich wird das Aufschneiden dieser Kugeln von den Erwachsenen übernommen.

- Wir bauen ein Zwergenhaus.
  Alle gemeinsam suchen im Wald eine schöne große Wurzel oder auch einen dicken Baumstamm und gestalten miteinander ein Zwergenhaus aus allem, was sich im Wald finden lässt.

Geburtstag im Waldkindergarten

Der Geburtstag ist der Höhepunkt für jedes Kind und dieser Tag wird natürlich zu etwas ganz Besonderem, auch im Waldkindergarten. An diesem Tag ist das Kind die Hauptperson und alle Kinder und die Erzieher*innen feiern mit ihm diesen Ehrentag. Freude und Wertschätzung prägen diesen Tag. Wichtig ist ein immer gleicher Ablauf, der den Kindern Sicherheit und Orientierung gibt. Sie erleben mit den Freund*innen ihren Geburtstag und freuen sich natürlich genauso auf deren Feier.

An diesem Festtag gibt es eine Geburtstagsbrotzeit, die vom Ehrengast ausgesucht und mitgebracht wird. Eine Idee ist es, dieses Tag unter ein kleines Motto zu stellen und die Eltern damit zu animieren, sich mit ihrem Kind intensiv mit dem Geburtstagsessen auseinanderzusetzen und es dadurch zu etwas ganz Individuellem werden zu lassen.

Ein Junge, sein größter Wunsch ist es einmal Astronaut zu werden, hat zusammen mit seiner Mama ein Weltall zum Essen mit in den Wald gebracht. Ein großes Holzbrett war belegt mit blauen Servietten. Sterne, ausgestochen aus Käse, eine Rakete aus einer Gurke gezaubert, die Planeten waren kleine runde Schüsseln gefüllt mit allerlei Obst und Gemüse.

Genau betrachtet ein geringer Aufwand mit großem Spaßeffekt für die Kinder und außerdem mit allerlei gesunden Sachen. Beliebt sind auch der Schmetterlingskuchen oder die Gurkenraupe, der Igelkuchen oder die Regenwürmer (Obst und Gemüse aufgespießt auf Holzstäbe). Ermutigen Sie die Eltern, und Sie werden stauen, wie kreativ diese an den Geburtstagsschmaus herangehen und welche Freude sich dabei einstellt, und zwar für alle Beteiligten: Kind, Eltern und Gruppe.

Geburtstag bei den Wurzelzwergen

Ein Praxisbeispiel

Am Vortag wird die Geburtstagsfahne am Platz gehisst, als Zeichen für das anstehende Ereignis. Die Kinder haben dazu ein weißes Betttuch mit einem Regenbogen bemalt. Aufgehängt wird die Fahne an einer Schnur zwischen zwei Bäumen.

Am nächsten Morgen darf das Geburtstagskind den Weg zum Platz im Bollerwagen zurücklegen. Dort angekommen versammeln wir uns zum Morgenkreis. Unser Ehrengast klettert auf die große Wurzel in der Mitte und springt so oft davon herunter wie er nun jung geworden ist. Jeden Sprung begleiten wir mit einem ganz persönlichen Wunsch, den sich die Kinder überlegen. Den Tag über darf das Geburtstagkind alle Aufgaben übernehmen. Es läutet die Glocke zur Brotzeit, es übernimmt den Teeausschank und vieles mehr. Zur eigentlichen kleinen Feier treffen wir uns alle am Geburtstagsbaum, einer schönen Buche am Waldplatz. Eine Krone aus Waldschätzen und ein kleines Präsent sind unsere materiellen Geschenke. Ein Geburtstagslied, das jährlich wechselt, und ein Erinnerungsfoto sind ebenso Bestandteil der Feier wie der Montessori-Geburtstagskreis, den alle Kinder gemeinsam aufbauen. Selbstverständlich entzünden wir auch die Geburtstagskerze. Und der Wunsch beim Auspusten geht auch in Erfüllung – aber nur, wenn er nicht verraten wird.

Der Tag beinhaltet auch einen Herzenswunsch, den uns das Geburtstagskind am Morgen mitteilt. Das kann eine Wanderung zu einem Lieblingsplatz sein, ein Beschäftigungsangebot oder ein Lied. Diesen Wunsch lassen wir dann alle gemeinsam wahr werden. Und wenn dieses schöne Fest zu Ende geht, dann freut sich jedes Geburtstagskind noch auf ein ganz besonders schönes Ritual. Orangemütz, unser Kuschelmaskottchen, darf für diesen Tag mit nach Hause genommen werden.

Ein Fest für Mama und Papa

Mutter- und Vatertag nehmen in zahlreichen Einrichtungen viel Zeit für Planung und Vorbereitung in Anspruch. Was steckt eigentlich hinter diesen Ehrentagen und wo liegt deren Ursprung? Es lohnt sich, diese Thematik im Team zu diskutieren.

Tatsächlich stammen beide Tage aus dem Amerikanischen. Der Muttertag in Deutschland fand seinen Beginn auf einem Plakat in der Auslage eines Blumenhändlers und der Vatertag geht auf das christliche Fest Christi Himmelfahrt zurück, an dem der Sohn zu seinem Vater in den Himmel heimkehrt. Es ist selbsterklärend, dass wir unsere Väter und Mütter ehren, aber muss dies an einen bestimmten Tag festgemacht werden? Sind sie nicht jeden Tag für ihre Kinder Vater und Mutter?

Kleine Elternfeste innerhalb eines Kindergartenjahres, angepasst an die jeweiligen Gegebenheiten und Themenschwerpunkte, können eine Alternative sein.

Ein Beispiel aus der Praxis: Die Kinder beschäftigen sich seit Tagen mit Farben, Pinsel und Papier. Es entstehen viele schöne Kunstwerke die sie nicht einfach in ihren Mappen verschwinden lassen möchten, was teilweise wegen der Größe auch gar nicht möglich ist. Ein Kind hat die Idee, eine Vernissage zu veranstalten und die Eltern dazu einzuladen. Es möchte ihnen eine Freude damit machen. Und ein anderer Junge meint, es könnte sich ja jede Mama oder jeder Papa dann ein Bild aussuchen und mit nach Hause nehmen. Nachdem die Planungen sehr spontan und ohne großen Aufwand abgeschlossen wurden, gehen kleine Einladungen, gestaltet von den Kindern, an die Eltern nach Hause.

Die Vernissage sollte an einem Freitag zwanzig Minuten vor Ende des Kindergartenbetriebes stattfinden. So kamen die Eltern an diesem Tag etwas früher und wurden von den Kindern überrascht und beschenkt.

Natürlich war es nicht allen Eltern möglich, einen solchen Termin wahrzunehmen, doch dafür hatten die Kinder auch eine Lösung. „Wir machen das öfter und dann haben auch mal andere Muttis und Papas Zeit, zu uns zu kommen und sich überraschen zu lassen!“. Mutter- und Vatertag als Elternfeste über das Jahr verteilt, von Kindern initiiert und von Herzen umgesetzt.

Der Jahreskreis

Ein neues Kindergartenjahr beginnt – Herbst im Waldkindergarten

Nach den Sommerferien startet ein neues Kindergartenjahr und die Gruppe strukturiert sich neu. Freund*innen sind nun in der Schule und neue Kinder kommen hinzu. Auch im Waldkindergarten ist eine gute und behutsame Eingewöhnung wichtig. Dies kann bereits im Sommer mit Schnupperbesuchen beginnen. Dabei entstehen die ersten Kontakte und die neuen Kinder und deren Eltern haben die Möglichkeit, sich mit den Abläufen und Strukturen vertraut zu machen.

Manche Kinder kennen sich aus der Wichtelgruppe des Waldkindergartens und wechseln lediglich zur Kindergartengruppe. Die ersten Wochen stehen für alle unter dem Aspekt des Zusammenwachsens, des Vertrauen-findens und des Sich-wohlfühlen. Sehr gerne übernehmen die erfahrenen Waldkinder eine Art Patenschaft und kümmern sich rührend um die Neuen.

Die Kinder spielen anfangs überwiegend am Waldplatz und lernen ihren Gruppenraum kennen. Mit zunehmender Sicherheit und Vertrautheit finden dann kleine Ausflüge rund um das Umfeld statt. Es ist immer wieder erstaunlich, wie rasch die Kinder sich in ihrem Wald auskennen. Bewegen sie sich zu Beginn immer unmittelbar vor dem Bauwagen und in der Nähe der Erzieher*in, erweitern sie ihren Radius zunehmend.

Klare Regeln und eine konsequente Umsetzung sind hier von Anfang an sehr wichtig. Der Wald ist für alle da, und jeder kann sich nach seinen eigenen Wünschen und Bedürfnissen darauf einlassen. Gespräche, in denen Regeln gemeinsam erarbeitet werden, geben den Kindern ein Gefühl des Dazugehörens, ihre Meinung wird wertgeschätzt, es wird ihnen etwas zugetraut. Die Kinder sollen den Sinn der Strukturen erkennen. Gutes erklären, wiederholen und ausprobieren führt dazu, dass sich das Gelernte verinnerlicht und eingehalten wird.

Unser Waldgrundstück ist sehr groß, ist an zwei Seiten von Waldwegen begrenzt und liegt im Osten an einer wenig befahrenen Straße. Die Waldwege bilden für die Kinder eine Art visuellen Zaun und sie wissen – bis dorthin dürfen sie sich frei bewegen. Zur Straße hin sind wir mit Beginn des ersten Kindergartenjahres mit den Kindern gemeinsam das Gelände abgegangen und haben in einer für uns ausreichenden Entfernung innenliegend im Wald die Bäume mit grüner Farbe markiert. Durch ihre aktive Beteiligung ist den Kindern von Anfang an klar, wie weit sie ihren Wald bespielen können.

Regelkärtchen – ein Praxisbeispiel

Aus Tonkarton werden zwanzig Quadratzentimeter große Quadrate ausgeschnitten – eines für jede Regel, die aufgestellt werden soll. Zusammen mit den Kindern werden diese Regeln dann erarbeitet. Auf einer Seite der Kärtchen kann die Regel in Schriftform festgehalten werden und die andere Seite dürfen die Kinder dementsprechend bemalen. So muss keiner lesen können, um die Kärtchen zu deuten. Beispiele für Waldregeln sind

- Wir laufen nicht über die Bäume mit den grünen Streifen hinaus.
- Wir lassen keinen Müll im Wald liegen.
- Wir schützen lebende Pflanzen und die Tiere.
- Wir essen nichts aus dem Wald.
- Wir waschen uns regelmäßig die Hände.
- Wir klettern nicht auf Holzpolter (gesammeltes Rundholz).

Diese Kärtchen sind in einem Körbchen für die Kinder zugänglich und werden immer wieder besprochen. Es lässt sich auch ein kleines Spiel damit spielen. Alle Kärtchen liegen mit den gemalten Bildern nach unten auf dem Boden. Ein Kind deckt eines auf und erklärt den anderen die Regel. So geht es reihum, bis alle Kärtchen einmal aufgedeckt wurden. Wieder werden alle Kärtchen aufgelegt. Reihum darf nun jedes Kind eine Regel erklären und versucht das passende Kärtchen dazu zu finden. Gelingt es, darf es behalten werden. Achten Sie bitte darauf, nicht zu viele Regeln ins Spiel zu bringen!

Die spannende Zeit des Ankommens wird begleitet vom beginnenden Herbst. Der Wald wird immer bunter, es ist nicht mehr so warm, Regentage nehmen zu und die Kinder tragen wieder dickere Jacken. Das Wetter zu spüren, die Veränderungen wahrzunehmen, ist für Waldkinder eine Selbstverständlichkeit. Selbst zu merken, wenn einem kalt wird, das bunte Laub zu riechen, mit den Füßen darin zu rascheln, die Früchte im Wald zu entdecken, dazu gibt der Herbst viele Möglichkeiten. Projekte in dieser Zeit sind das Pilze-sammeln und Beeren-pflücken. Die Kinder wissen, dass sie nichts aus dem Wald essen dürfen. Eine kontrollierte gemeinsame Beschäftigung als pädagogisches Angebot jedoch ist zielorientiert und nachhaltig. Ausdauer und Konzentration sind gefragt, bis ein Eimerchen mit den kleinen Beeren gefüllt ist, aus denen wir dann einen leckeren Blaubeerkuchen backen wollen. Sehr eifrig zeigen sich die Kinder auch beim Pilze-sammeln. Nur die essbaren und bekannten wollen wir nehmen und auch davon nicht zu viele. Und jeder Finder schneidet seinen Pilz selbstständig und fachgerecht ab. Den gefüllten Korb schenken wir dann unserer Waldoma und machen ihr und uns damit eine große Freude.

Es lohnt sich, im Herbst die besonderen Wetterphänomene zu beobachten. Nebel zwischen den Bäumen sieht richtig unheimlich aus, Wassertropfen glitzern in den tieferscheinenden Sonnenstrahlen, Spinnennetzte überziehen den Waldboden und man kann den Wind pfeifen hören.

Weitere Praxisbeispiele

Ein Drachen im Wind

Sicherlich finden Sie eine Anleitung zum Bau eines einfachen Drachens. Gemeinsam mit den Kindern kann daraus ein schönes Projekt werden – natürlich lassen Kinder und Erzieher*innen dabei gemeinsam die Drachen steigen.

Auf dem Kartoffelfeld

Fragen Sie doch einen Bauern im Umkreis, ob die Kinder bei der Kartoffelernte behilflich sein dürfen. Eine sehr nachhaltige Erfahrung ist es, ein Kartoffelprojekt im Frühling zu starten. Dabei legen die Kinder selbst die Kartoffeln in die Erde, kümmern sich darum und ernten dann. Ein gemeinsames Kartoffelfeuer bildet einen schönen Abschluss.

Gemeinsam wird im Wald Holz für den Winter gesammelt

Mit Körben und dem Bollerwagen ziehen die Kinder leidenschaftlich gern durch den Wald und sammeln alles, was sie finden. In den kalten Monaten wird der Bauwagen mit dem Ofen gewärmt und dazu braucht man Holz. Da helfen alle gerne mit.

Spiel und Spaß mit Matsch und Erde

Es regnet wieder öfter und die Pfützen bleiben stehen. In Pfützen springen, Matschkugeln formen, Lehmtiere bauen, in der Matschküche matschen, Regentropfen mit der Zunge fangen und vieles mehr ist ohne Vorbereitung möglich. Rindenstücke lassen sich wunderbar als Wasserrinnen verwenden, alte Wurzelstöcke sind bei Regen mit Wasser gefüllt und es ist interessant, mit einem Stock die Tiefe des Wurzelsees zu messen. Die Kinder selbst sind immer am Experimentieren und Ausprobieren. Nehmen Sie sich als Erwachsene zurück!

Kastanien und Eicheln

Die Kinder ziehen gerne mal die Schuhe aus, um ein kurzes Bad in den gesammelten Kastanien zu nehmen. Ein andermal werden die kleinen braunen Kugeln mit dem Kastanienbohrer angebohrt und zu Ketten aufgefädelt. Auch Kastanienkinder sind beliebt und spontan umsetzbar. Dazu legt sich ein Kind auf den Waldboden und die anderen legen Kastanien um den Körper des auf dem Boden liegenden Kindes. Vorsichtig wird dann dem Kastanienkind aufgeholfen und gemeinsam das Kunstwerk betrachtet. Lustig sieht es aus, wenn eine ganze Reihe Kastanienkinder auf dem Waldboden entsteht.

Mithilfe einer einfachen Wegtechnik lässt sich das „magische Auge“ weben. Dazu braucht man eine Kastanie und vier dünne Stöcke (alternativ: Zahnstocher). Die Stöcke werden im Kreuz in die Kastanie gesteckt. Es empfiehlt sich, die Löcher dafür vorzustechen. Dann wird mit einem Wollfaden um die Stöcke gewebt, wobei der Faden immer um einen Stock herum geführt weiter zum nächsten gelegt wird. Dieser Vorgang wird beliebig lang wiederholt. Den Kindern macht diese fast meditative Beschäftigung immer sehr viel Freude. Beim Anbohren ist die Hilfe der Erwachsenen erforderlich.

Auch mit Eicheln lässt sich wunderbar spielen, kleine Tierchen sind schnell gebaut und auch eine Kette aus den Früchten hängen sich die Kinder gerne um.

Blätter und Stöcke

Wieder geht es ans Sammeln. Gepresste Blätter lassen sich sehr gut auf Papier kleben oder zu kleinen Männchen oder zu Waldtieren gestalten. Beim Blattspaziergang sucht sich jedes Kind einen Stock mit einer Spitze. Jedes Blatt, das einem gefällt, wird nun ganz einfach darauf aufgesteckt und so entsteht ein wunderschönes Blättermobile. Verwendet man anstelle des Stockes einen etwas dickeren Draht kann auch eine schöne Kette daraus gemacht werden. Aus all den bunten Blättern lässt sich auch ein Mandala auf den Waldboden zaubern, das mit vielen anderen Naturmaterialien erweitert werden kann.

Bei Schnee und Eis – Winter im Waldkindergarten

Der Winter ist die Zeit der Ruhe, des Rückzugs, des Auftankens. In der Natur ist es still geworden. Die Tiere sieht man nur noch selten, manche gar nicht mehr, bis sie aus ihrem Winterschlaf oder der Winterstarre wiedererwachen. Im Waldkindergarten aber brodelt das Leben. Die Kinder lachen und toben im Schnee, krabbeln stundenlang wieder den Hügel hinauf, um ihn dann zum hundertsten Mal wieder hinab zu sausen. Es scheint, als ob sie niemals müde werden würden. Trotzdem ist der Winter im Waldkindergarten für alle eine Herausforderung, für die Kinder und auch für das Personal. Das beginnt schon morgens mit dem Aufstehen.

Meist ist es noch dunkel, wenn sich die Waldfamilien auf den Weg in den Wald machen. Manchmal machen sich die Eltern auch Sorgen. Wird mein Kind frieren? Wird es sich fürchten? Die richtige Kleidung ist und bleibt das Allerwichtigste. Viele Schichten übereinander geben Wärme, sollen aber auch nicht den Bewegungsdrang einengen.

Gute Qualität, der Austausch mit anderen, bereits erfahrenen Eltern, und auch das Befinden der Kinder geben Antworten auf Unsicherheiten. Und sie sind es auch, die zeigen, dass es ein Glück ist, draußen zu sein, auch im Winter, auch an eisigen und grauen Tagen.

Jeder Tag im Waldkindergarten hat diese kleinen Glücksmomente. Achten Sie einmal darauf, wie liebevoll die Kinder miteinander umgehen, wenn sie sich gegenseitig helfen, die Handschuhe überzuziehen, wie sie den härtesten Bedingungen trotzen, wie sie von Tag zu Tag stärker und ausdauernder werden. Und erzählen Sie dies den Eltern. Die Kinder wachsen, von Tag zu Tag, von Winter zu Winter – und sie können unsere Vorbilder sein, und die Ihrer Eltern, deren Ängste dann unbegründet erscheinen werden.

Ein Wintertag im Wald

Es hat geschneit und vor uns liegt ein Feld wie ein riesiges weißes Blatt Papier! Mit Stöcken, Füßen, Händen oder auch dem ganzen Körper lässt sich darauf malen und schreiben. Den Besuch von Kindern aus der ersten und zweiten Klasse an so einem Tag bereichern wir mit unserer riesigen Tafel aus Schnee. Die Lehrerin schreibt Rechenaufgaben darauf und die Kinder lösen diese gemeinsam mit den Kobolden unserer Waldgruppe.

Der Bürgermeister hat Geburtstag und wir möchten ihm eine Glückwunschkarte schicken. Kurzerhand malen wir diese in den Schnee, machen ein Foto davon und schicken dieses per Mail an das Geburtstagskind, zusammen mit den besten Glückwünschen aus dem Waldkindergarten.

Und dann ist da der Schneeballrollenwettbewerb. Jedes Kind rollt einen Schneeball durch den Wald, die größte Kugel gewinnt. Es ist besonders lustig, wenn überall zwischen den Bäumen große Bälle liegen, die man dann viele Tage lang beobachten kann, wie sie sich verändern, Experiment inklusive.

Geburtstage im Winter feiern wir immer mit einer Schneetorte. Dazu füllen die Kinder eine Guglhupfform mit Schnee oder Wasser. Nach dem Gefrieren wird der Kuchen mit brennenden Kerzen und Glitter verziert. Der Winter ist auch die Zeit, in der die Kinder viele kleine Wanderungen unternehmen.

Dadurch ist eine ausreichende Bewegung garantiert, und jeder Ausflug steckt voller neuer Entdeckungen. Sorgen Sie dafür, dass immer ausreichend warme Getränke vor Ort sind. Diese geben Wärme und Behagen von Innen und das gemeinsame Trinken schafft zusätzlich eine angenehme, heimelige Atmosphäre. So gestärkt gehen die Kinder dann wieder voller Eifer an die nächste Herausforderung: Dem Spurenlesen im Schnee.

Die Natur erwacht: Frühling im Waldkindergarten

Mag der Winter mit all seinen Erlebnissen auch noch so schön sein, so freuen sich die Kinder und das Team alle Jahre wieder auf den Frühling. Es duftet anders, alles beginnt zu wachsen, alles wird grün und lebendig. Unter den Wurzeln entdeckt man wieder Tiere, es krabbelt und schwirrt wieder überall. Kinder, die im vergangenen Herbst neu in den Kindergarten gekommen sind erleben ihren ersten Frühling immer ganz besonders. Stundenlang sitzen manche von ihnen auf dem Boden und sehen den kleinen Lebewesen zu, die auf der Erde wuseln. Sie staunen über die Vielzahl und die Vielfalt. Sie beobachten fasziniert die Ameisen, wie sie Tannennadeln schleppen oder sehen der Schnecke zu, die ganz langsam und gemächlich an der Wassertonne krabbelt. Es ist wichtig, den Kindern ausreichend Raum und Zeit für solche Entdeckungen zu geben, sich dabei im Hintergrund zu halten und sie ihren Forscher- und Entdeckerdrang ausleben zu lassen. Oft fällt es den Fachkräften schwer, sich zurückzunehmen, doch hier ist die Natur der Pädagoge, der Wald der Gruppenraum und die Tiere die Spielpartner*innen. Selbstverständlich darf dabei kein Tier verletzt und keine Pflanze zerstört werden, dies ist selbsterklärend.

Jetzt ist auch wieder die Zeit, um mit den Naturfarben zu malen. Blätter geben ein zartes Grün, Blumen ein leichtes Gelb oder Violett, die Kinder selbst probieren gerne aus und erzielen verblüffende Ergebnisse.

Der Jahreskreis dreht sich, das Jahr macht sich auf den Weg, die Kinder sind bereit für Neues. Geben wir ihnen Vertrauen und Zuversicht. Gehen wir mit ihnen mit. Es gibt vieles, was wir von und mit ihnen lernen können.

Sommerzeit im Waldkindergarten

Die Wurzelzwerge kommen gut gelaunt am Waldkindergarten an. Sie strahlen mit der Sonne um die Wette und hüpfen fröhlich zum Waldplatz. Direkt am Eingang steht eine mächtige Buche. Ihre Blätter rauschen im leichten Wind und ein lustiges Schattenspiel zeigt sich auf dem Boden. Schon werden die ersten Experimente gemacht. Die Kinder vergleichen ihr Schattenbild mit dem des Freundes oder der Freundin, sie versuchen den Schatten des Vordermannes zu überholen, sie entdecken den Schatten der Wolken auf dem Boden und beobachten ihn. Wir packen den Beutel mit den kleinen Waldtieren aus und stellen sie auf ein Blatt Papier. Nun sind auch deren Schatten ganz deutlich zu erkennen. Mit einem Stift kann nun versucht werden, die Umrisse nachzumalen. Es ist spannend welche Ergebnisse dabei herauskommen. Diese ganz spontan entstandenen Schattenspiele werden zu einer nachhaltigen, naturwissenschaftlichen Erfahrung.

Wie zu allen anderen Jahreszeiten kommt natürlich auch im Sommer unser Kamishibai sehr häufig zum Einsatz. Eins und zwei und drei – wir öffnen das Kamishibai.

Im Buchhandel findet sich eine reiche Auswahl an guten Naturaufnahmen. Es bietet sich auch an, Fotos von den eigenen Entdeckungen im Großformat zu entwickeln und im Kamishibai zu betrachten. Dies lässt Erlebtes noch einmal lebendig werden, die Kinder haben Raum für neue Erkenntnisse und die Gelegenheit, Antworten auf Fragen zu finden.

Gespräche und Spielideen entstehen, und so ganz nebenbei festigen sich die gewonnenen Eindrücke. Auch selbstgemalte Bilder von Erlebnissen können die Kinder im Kamishibai wunderbar präsentieren. Das Erzähltheater kann problemlos überall mit hingenommen werden und es ist immer wieder eine ganz besondere Erfahrung für alle Beteiligten, unter einer alten Buche auf dem Waldboden zu sitzen und einer Bildergeschichte zu lauschen, Fotos anzusehen oder Erlebtes anhand von Zeichnungen noch einmal lebendig werden zu lassen.

Waldschätze bereichern das Theater zusätzlich. Eine Wiesenblume, die den Theaterrahmen schmückt, wirkt vor dem Bild eines Schmetterlings sehr beeindruckend. Ich kann ein Kamishibai nur empfehlen.

Das Erzählen und Beobachten überall und unterwegs haben ihren ganz besonderen Reiz. Bei uns Wurzelzwergen gehen wir aus diesem Grund sehr häufig unsere „Erzählwege“, wie wir diese Erlebniswege selbsterklärend nennen.

Wir machen uns auf, erkunden Wiesen und Felder, den Wald oder den Bach und bleiben dort, wo es uns gefällt. Machen die Kinder eine ganz besondere Entdeckung, lassen wir uns darauf ein. Vor uns flattert ein Schmetterling und die Kinder wissen gleich, dass es sich um einen Zitronenfalter handelt. Ja, wo kommt der

denn her? Und wo wird er wohl hinfliegen? Welche Blumen besucht er eigentlich und kann man ihn anfassen?
Längst haben wir alle angehalten und sitzen im Gras. Einer nach dem anderen bringt sich in das Gespräch ein und wir philosophieren vor uns hin, das heißt, die Kinder tauschen ihre Gedanken und Erfahrungen aus und gewinnen so neue Kenntnisse. Greifen Sie diese Dinge auf, halten Sie die Äußerungen fest. Die Kinder fühlen sich ernstgenommen und wertgeschätzt. Wir haben dies auf unseren Erzählwegen rund um unser Gelände in die Tat umgesetzt und es hat sich ein Erlebnisweg entwickelt, der auch für die gesamte Öffentlichkeit begehbar und erlebbar ist.

Erlebnisweg rund um den Wurzelwald

Auf kleinen Holzpfählen sind Plexiglasrahmen angebracht. Diese finden sich auf dem gesamten Weg verteilt. Jeder Rahmen zeigt eine Beobachtung, die die Kinder gemacht haben. Es ist z. B. auf einem Bild ein Zitronenfalter zu sehen. Ein kleiner Text erläutert die gemachten Erkenntnisse. Zu jedem Bild findet sich entweder ein passendes Lied, ein Rätsel, eine Geschichte oder ein Spiel. Da haben die Kinder selbst wundervolle Ideen. Sie spielen sozusagen mit der Natur, bringen Sprache, Bewegung, Kunst und sich selbst ein und motivieren den Betrachter, es ihnen gleichzutun. Kinder wie Besucher*innen tauchen ein in ein ganzheitliches bewusstes Erleben der Natur, sie lassen sich ein auf das Abenteuer Wald.

Auf einem weiteren Schild ist eine Schnecke mit einem riesigen Häuschen zu sehen. Und dort hat der Betrachter die Aufgabe, einmal ganz genau auf den Boden zu schauen, vielleicht entdeckt er ja auch eine Schnecke dort unter der alten Wurzel, zwischen dem Moos oder unter der faulen Rinde an dem alten Baumstamm!

Barfuß im Gras – jeder erinnert sich an Erlebnisse in der eigenen Kindheit. Laufen ohne Schuhe ist gesund und selbstverständlich auch im Waldkindergarten möglich. Ziehen Sie sich einfach einmal selbst die Schuhe aus und laufen Sie barfuß über den Waldboden. Das weiche Moos unter den Füßen zu spüren, die Blaubeersträucher, die zwischen den Zehen kitzeln, der Grashalm, der leicht streichelt.

Vielleicht tauchen Sie Ihre Zehen auch mal in einen kleinen Bach. Für die Kinder sind dies ganz besondere Erfahrungen, die jedoch auf Freiwilligkeit beruhen sollen, da schon auch etwas Mut dazugehört, auf diese Weise den Wald zu erspüren.

Mitten in der Natur gibt es so viel zu entdecken und das ist unser Ziel. Schon morgen wartet ein neuer Sommertag mit neuen spannenden Erfahrungen auf die Kinder und die Erzieher*innen.

Ein Fest für die Sonne

Die Sonne hoch am Himmel ist ein kleiner Stern, der auch manchmal der „gelbe Zwerg" genannt wird. Mit ihren Strahlen wärmt sie die Erde und lässt die Pflanzen wachsen. Sie begleitet alle Jahreszeiten und sorgt für gute Laune. Manchmal scheint sie viel zu heiß, aber wenn sie sich dann viele Tage nicht am Himmel zeigt, vermissen wir sie. Die Kinder sind fasziniert, wenn sie die Kraft der Sonne sehen, beobachten und spüren können.

Sonnenstrahlen bringen das Eis zum Schmelzen, Regentropfen zum Glitzern oder Moos zum Leuchten. Die Sonne kitzelt auf der Nase und wärmt die kalten Finger. Sie kann den Regenbogen malen und zaubert ein Lächeln ins Gesicht.

Ein paar Ideen für Sonnenspiele: Ein Blatt Papier oder ein großes Stück Pappkarton liegt auf dem Waldboden. Auch Paketpapier auf der Rolle eignet sich sehr gut für großflächiges Arbeiten. Die Kinder suchen sich einen Gegenstand, den sie malen möchten. Das kann zum Beispiel ein Spielzeugtier sein, ein Stück Holz oder ein Zweig. Dieser Gegenstand wird so auf dem Papier aufgelegt, dass sich durch die Sonnenstrahlen ein Schattenumriss zeigt. Mit einem Stift können die Kinder diese Schattenkonturen nun ganz einfach nachzeichnen.

Auf einem großen weißen Betttuch oder einer alten Tischdecke kann mit Textilfarbe ein bunter Regenbogen aufgemalt werden. Bei Sonnenschein zwischen die Bäume gehängt leuchtet er wunderschön.

Aus vielen gesammelten Löwenzahnblüten wird auf dem Waldboden eine große gelbe Sonne gelegt. Besonders schön sieht es aus, wenn diese Sonne um einen Baumstamm herum entsteht.

Eine Astscheibe von etwa zwanzig Zentimetern Durchmesser, drei Zentimeter dick, wird rundherum am Rand mit einem Akkuschrauber angebohrt. In diese Löcher werden kleine Äste gesteckt, die die Kinder sammeln. Die so entstandene Holzsonne mit den Aststrahlen eignet sich sehr gut als Geschenk und als Dekoration für den Außenbereich scheint sie viele Jahre.

Eine aufgehende Sonne lässt sich ebenfalls mit einer Astscheibe gestalten. Dazu wird eine Scheibe mit einem Durchmesser von etwa dreißig Zentimetern im Außenbereich mit Löchern durchbohrt. Durch diese Löcher werden lange gelbe Bänder (Hier empfehle ich Textilgarn: dehnbar, reißfest und in vielen Farben erhältlich) gefädelt und an der Scheibe fest verknotet. Die Sonne liegt in der Kreismitte und an jeder Schnur steht jeweils ein Kind. Gemeinsam werden die Bänder nun vorsichtig in die Höhe gehoben und die Sonne so zum Strahlen gebracht. Dieses Spiel wird besonders sinnlich durch eine passende musikalische Begleitung.

Ein Fest für die Sonne ist zu allen Jahreszeiten immer ein besonderes Erlebnis, das in kleinem wie auch größerem Rahmen gefeiert wird. Die Kinder lieben auch den Sonnengruß, der in Yogastunden im Wald eingebunden werden kann. Ein Gruß an die Sonne als Ritual am Morgen lässt jeden Tag achtsam und mit Dankbarkeit beginnen.

„Apuse" – Der Weg! Die Zeit im Waldkindergarten geht zu Ende

Die Zeit im Kindergarten ist die Zeit vor der Schule, in der wir Erzieher*innen die Kinder einige Jahre fördern und beim Wachsen begleiten dürfen. Der Übergang in die Schule bedeutet Abschied und Neuanfang. Etwas Vertrautes wird zurückgelassen, etwas Unbekanntes beginnt.

Für diesen Wechsel haben sich zahlreiche Rituale bewährt und in den einzelnen Einrichtungen etabliert. Für jedes neue Schulkind bedeutet diese Zeit immer etwas ganz Besonderes. Ängste und Unsicherheiten sind ganz normal und verständlich, doch die Freude auf all die spannenden Ereignisse lässt diese Zeit unvergesslich werden.

Zu einem echten Schulkind gehört eine Schultüte einfach dazu. Bei uns im Waldkindergarten wird diese von den Eltern nach den Wünschen der Kinder gefilzt und dadurch ganz individuell – jedes Teil ist ein Unikat. Richtig stolz sind die Kinder, wenn sie ihre neue Schultasche mit in den Wald bringen, um sie all ihren Freunden zu zeigen.

Und dann ist da natürlich der feierliche Abschlusstag. An einem Nachmittag kommt die gesamte Gruppe in den Waldkindergarten. Es wird gespielt, gelacht, gesungen und erzählt. Die Aufregung ist förmlich zu spüren, wenn sich die Kinder im Kreis sammeln und jedes künftige Schulkind einzeln die große Wurzel besteigen darf. Die Freund*innen geben dann gute Wünsche mit auf den Weg und lassen die zurückliegenden gemeinsamen Erlebnisse noch einmal lebendig werden.

Sie erzählen von Begebenheiten und davon, was in den jeweiligen Situationen den Kobold (so nennen wir unsere Schulkinder) auszeichnet. Der Kobold bekommt dann alle Dinge überreicht, die er bei uns im Waldkindergarten besessen hat. In einem Stoffbeutel kann dies alles sicher verpackt werden.

Da ist die Tasse, die über all die Jahre im Kindergarten bei den Trinkpausen benutzt wurde. Auch das Schnitzmesser wandert in den Beutel, das Bild vom Geburtstagskalender im Bauwagen und ein kleines verpacktes Abschiedsgeschenk. Die Gummistiefel werden feierlich überreicht und schließlich die Portfoliomappe, die mittlerweile zu einem richtigen Erinnerungsschatz geworden ist. Alle Erlebnisse, Lernerfahrungen, Begegnungen mit Freund*innen und vieles mehr sind darin gesammelt und machen die Zeit im Waldkindergarten unvergesslich. Dann ist der Moment gekommen, an dem der Kobold ein letztes Mal von der großen Wurzel springt – in einen neuen Lebensabschnitt, in die Schule. Nachdem so alle Kobolde an der Reihe waren, verabschieden sich die restlichen Kinder und es beginnt …

Die lange Nacht der Abenteuer

Wenn die Wetterverhältnisse es zulassen, wird am Lagerfeuer miteinander zu Abend gegessen, bevor wir zu einer Abendwanderung durch den Wald aufbrechen. Die Kobolde können noch ein letztes Mal zusammen mit uns ihre Lieblingsplätze aufsuchen und Erlebnisse austauschen.

In diese Erlebnistour ist eine Schatzsuche integriert, die von Jahr zu Jahr anders gestaltet wird. Schließlich soll es auch im nächsten Jahr ein echtes, neues Abenteuer werden. Den Wald in der Dämmerung und nachts zu erleben, ist für die Kinder eine völlig neue Erfahrung, die Mut erfordert. Aber die Freunde und die gewohnte Umgebung geben Sicherheit, schaffen Vertrauen und Geborgenheit. Kein materieller Aufwand, keine zeitaufwendige Planung und keine umfangreiche Organisation sind für diese Nacht im Wald notwendig. Natürlich ist der Sicherheitsaspekt beim Lagerfeuer zu beachten, auch werden Wege nicht verlassen und kein unnötiger Lärm gemacht. All dies ist „echten" Wald- und Naturkindern vertraut. Sie haben gelernt, sich draußen richtig zu verhalten, die Natur zu achten und zu schützen.

Bei uns Wurzelzwergen ist eines aus dieser Zeit nicht mehr wegzudenken: „Apuse", ein traditionelles Abschiedslied aus West-Papua. Es besteht aus nur wenigen Zeilen und wird sehr langsam, fast schon melancholisch gesungen. Musikalisch kann es wunderbar mit Stöcken oder Trommeln begleitet werden, auch Rasseln klingen sehr schön. Und wenn es dann soweit ist und dieses Lied erklingt, dann spürt man es ganz deutlich: Jetzt ist die Zeit des Abschieds gekommen und unsere Kobolde machen sich auf einen neuen Weg.

An dieses Abenteuer werden sie sich sicherlich noch lange Zeit oft und gern erinnern.

Geschichte zum Ende des Kindergartenjahres:
Der Wurzelzwerg geht auf Reisen

Erinnert ihr euch noch an Berni? Na, eigentlich heißt er ja Bernhardino, Bernhardino Wurzelbart. Er ist nun schon viele Monate mit den Waldkindern unterwegs. Sehr gut erinnert er sich an die Blätterschlacht im Herbst, als die Kinder so viel Spaß hatten und mit ihren Stiefeln durch das bunte Laub geraschelt sind. Dann kam der Winter mit Eis und Schnee und es ist ziemlich kalt geworden. Berni hat sich dazu oft in seiner Höhle verkrochen, am warmen Ofen einen leckeren Tee getrunken und ein gutes Marmeladenbrot gegessen.

Aber natürlich hat er auch die Kinder besucht. Er hat sie beim Schlittenfahren beobachtet. Sie sind richtig schnell den Hang hinuntergesaust, da wurde es ihm fast schon schwindlig beim Zusehen. Am besten hat Berni der Frühling gefallen. Da war alles wieder so schön grün und seine Freunde, die Vögel, waren wieder im Wald. Er hat ihnen stundenlang zugehört, wenn sie von ihren großen Reisen erzählt haben. Ach, wie gerne wäre er auch mit ihnen in die weite Welt geflogen, aber Zwerge können bekanntlich nicht fliegen, das wisst ihr ja. Sein Freund, das Wildschwein Albert, und auch die Hasenfamilie konnte er nun auch wieder öfter besuchen und allerlei lustige Dinge unternehmen.

Endlich hat er auch die Waldkinder wieder eher erkannt. Was im Winter, wenn sie dick eingemummelt unterwegs waren, gar nicht so einfach war. Und im Frühling, da spielen die Kinder auch

Dazu schleicht sich Berni immer ganz gern nah heran und hört ihnen zu, wenn sie von ihren Abenteuern erzählen. So hat er auch erfahren, dass es ganz in der Nähe eine große Wiese gibt, zu wieder in der Erde und im Moos. Es ist weich und nicht mehr so festgefroren. der sie alle bald wandern wollen. Dort wachsen viele bunte Blumen, erzählen die Kinder. „Da werde ich mitgehen“, nimmt sich Berni ganz fest vor. Und das hat er dann auch gemacht.

Mittlerweile ist es Sommer geworden und tatsächlich sind überall auf der großen Wiese unzählige Blüten von verschiedenen Blumen zu sehen. Und wie das duftet, ja, der Sommer, der ist auch so eine ganz tolle Jahreszeit. Berni legt sich am Waldrand unter einen Blaubeerstrauch und sieht den Kindern zu.

Sie laufen durch das Gras, bleiben stehen, schleichen über die Wiese, bücken sich. Was sie da wohl machen, fragt er sich erstaunt. Und als er genauer hinsieht, erkennt er, dass die Kinder irgendetwas fangen. Grashüpfer, die ganze Wiese ist voller Grashüpfer. Und die Waldkinder versuchen sie einzufangen, ganz vorsichtig, und dann lassen sie diese Tiere auch gleich wieder frei, damit sie weiter über die Wiese hüpfen können. Und sie lachen und scherzen und freuen sich.
Und Berni freut sich auch. Wenn die Kinder dann später wieder in den Wald zurückgehen, dann will er auch auf die Wiese, mal sehen, vielleicht gelingt es ihm, auch einem Grashüpfer ganz nah zu kommen und vielleicht werden sie ja sogar Freunde.
Da, ganz plötzlich laufen alle Kinder den Berg hinunter bis zu dem Haus, indem die Waldoma wohnt. Berni war so in Gedanken vertieft, dass er nicht mitbekommen hat, was geschehen ist. Die Waldoma hat alle Kinder zum Eis essen gerufen und dass lässt sich keiner zweimal sagen. Jedes Waldkind sitzt nun im Garten der Waldoma und schleckt eine Kugel leckeres Erdbeereis. Berni hat sich näher herangeschlichen und ihm läuft das Wasser im Mund zusammen. Wie gerne hätte er auch eine Kugel Eis gehabt.
Und wisst ihr was? Die Waldoma hat zwei kleine Katzen und die bemerken Berni hinter dem Gartenzaun. „Hallo Wurzelzwerg, komm doch mal näher!“, ruft ihm eine der beiden zu. Berni, der die Sprache der Tiere versteht, schaut die kleine Katze etwas verwundert an. „Na komm schon“, sagt sie wieder und Berni bückt sich unter dem Zaun hindurch bis zur Katze. „Du möchtest doch sicher auch eine Kugel von dem leckeren Erdbeereis, habe ich recht?“, fragt sie ihn. „Sehr gerne“, antwortet Berni, „weißt du, das erinnert mich immer an meinen Opa und meine Oma, die haben immer das leckerste Erdbeereis der Welt für mich gemacht, damals, als ich noch klein war!“. „Na dann komm“, schnurrt ihm die zweite Katze zu, die nun neben ihm steht. „Die Schüssel steht in der Küche und die Türe ist auf. Wir schleichen uns hinein und holen uns unsere Portion! Unsere Waldoma wird auch nicht böse sein, sie mag uns Tiere genauso gerne wie die Waldkinder.“
Gesagt, getan, Berni und die beiden Kätzchen sitzen kurze Zeit später auf dem Küchentisch und schlecken genüsslich das Erdbeereis aus der Schüssel. Für jeden der drei neuen Freunde ist eine ausreichende Portion da. „Ach, schmeckt das lecker!“, schwärmt Berni. „Seid ihr alle fertig?“, hört er es draußen rufen.
Er klettert auf das Fensterbrett und schaut durch die offenen Scheiben. „Das war ganz arg lecker, liebe Waldoma, und wir sagen auch ganz herzlich Dankeschön für das Eis, du bist immer so lieb zu uns!“. Die Oma lächelt und freut sich. „Das habe ich sehr gern gemacht und ich freue mich auch immer, wenn ihr mich besuchen kommt, dann bin ich nicht so allein. Ihr geht ja jetzt alle in die Ferien und ich wün-

sche euch allen eine ganz schöne Zeit. Und wenn ihr dann im Spätsommer wieder zurück in den Waldkindergarten kommt, dann besucht ihr mich wieder!".
Die Kinder versprechen, dass sie das auf jeden Fall machen und laufen winkend und lachend in den Wald zurück. Berni sitzt nachdenklich am Fenster. Die Kinder gehen in die Ferien, überlegt er. Da kommt ihm eine Idee. „Ich werde auch in die Ferien gehen, ich werde verreisen!". Die Kätzchen sehen ihn etwas ungläubig an. „Ich werde verreisen", sagt Berni zu ihnen und sieht sie strahlend an. „Ich hole mir meinen Wanderstock aus meiner Höhle und mache mich auf den Weg nach Italien. Ich besuche meine Oma und meinen Opa und dann esse ich dort jeden Tag eine große Portion Erdbeereis, das mache ich!"
„Aber ist das nicht ein bisschen zu weit für dich, Berni? Du bist doch nur ein kleiner Wurzelzwerg!", fragen die Kätzchen fast gleichzeitig. „Ich bin Bernhardino Wurzelbart, von allen nur Berni genannt. Ich habe überall gute Freunde, die mir helfen, wenn ich Hilfe brauche. Mit ihnen werde ich es schaffen. Und wenn ich nach den Ferien zurück bin, dann erzähle ich euch von all meinen Abenteuern. Macht es gut, meine Freunde, und bleibt gesund", ruft Berni den Kätzchen noch zu als er schon zum Fenster hinausspringt und lachend und winkend über die Wiese im Wald verschwindet.

Diese Geschichte bildet das Ende eines abenteuerlichen und erlebnisreichen Kindergartenjahres von Berni, dem Wurzelzwerg und seinen Freunden, den Waldkindern. Wenn ein neues Kindergartenjahr beginnt, wenn neue Waldkinder in die Gruppe kommen, wird sie weiter gehen. Spannende Abenteuer und neue Erlebnisse bilden den Stoff, aus dem sie gewebt wird.

Ich möchte Sie ermutigen, eigene Geschichten zu erfinden – gemeinsam mit den Kindern. Greifen Sie Geschehnisse auf, lassen Sie Erlebtes lebendig werden, geben Sie den Dingen eine Seele. Die Kinder erkennen sich in den Geschichten wieder, begreifen, verstehen und lernen.

7 „Vor der Tür ist mittendrin!" Die spannende Gründungsphase eines Waldkindergartens am Beispiel der „Goldbacher WurzelZWERGE" e. V.

Die Wald- und Naturraumpädagogik in einer Einrichtung zu integrieren, ist meist der Beginn eines spannenden Abenteuers. Waldtage, Naturprojekte und Ausflüge nach Draußen sind mittlerweile in vielen Kindertagesstätten konzeptionell verankert.

Das Personal erlebt den Mehraufwand und die anfangs anstrengende Organisation schnell als lohnend, und auch die Eltern kommen bald mit den neuen Aktionen gut zurecht. Schon nach einigen Wiederholungen entwickeln sich Rituale.

Die Kinder freuen sich von einem auf das andere Mal mehr und das Team macht eine ganz besondere Erfahrung. Die Gruppe ist ausgelassener, die Kinder spielen aggressionsloser miteinander, es gibt insgesamt weniger Konflikte – ein Waldtag ist viel zu schnell vorüber.

Aus Tagen werden dann Wochen, und irgendwann reift die Idee einer Waldgruppe. Doch nicht in allen Einrichtungen lässt sich diese Idee auch verwirklichen. Dafür braucht es engagierte Erzieher*innen, die den Mut haben, diese Vision zu verfolgen, den Träger zu überzeugen und Eltern und Team für diese Idee zu begeistern.

Nicht selten sind es auch die Eltern, die sich für ihre Kinder genau diese Art der Pädagogik wünschen und einen Waldkindergarten gründen. Ob die Gründung nun von einer Kommune oder Privatpersonen angegangen wird, bleibt bei den Planungen im Allgemeinen identisch. Der Aufwand lohnt sich und es gelingt, wie das folgende Beispiel veranschaulicht.

Zwei Familien wünschen sich für ihre Kinder einen Platz in einem Waldkindergarten. Leider ist der nächste Waldkindergarten viele Kilometer entfernt, zu weit für eine tägliche Hin- und Heimfahrt. Meine Erfahrungen, die ich beim Aufbau von zwei Waldkindergärten sammeln konnte, und meine jahrelange Tätigkeit in diesen Einrichtungen bestärken mich darin, diese Eltern bei ihrem Vorhaben zu unterstützen. Zusammen suchen wir uns Gleichgesinnte und gründen einen Verein.

TIPP Informationen zur Gründung finden Sie in einem Leitfaden zum Vereinsrecht der Bundesregierung. Wichtig ist auch die Beantragung der Gemeinnützigkeit, da sich dies positiv auf die Finanzierung auswirkt. Schon jetzt ist es sinnvoll, den zuständigen Jugendämtern die Idee zu erläutern und etwaige Unterstützung anzufragen.

Die erste Hürde ist genommen. Jetzt beginnt die Suche nach einem geeigneten Waldstück. Abseits vielbefahrener Straßen, trotzdem gut verkehrsangebunden, abwechslungsreich, gut strukturiert, fern von großen Gewässern und Gefahrenzonen – all dies gilt es, zu berücksichtigen. Sehr gute Erfahrungen hat unser Verein mit den Bayerischen Staatsforsten gemacht. Sie sind sehr aufgeschlossen gegenüber sozialen Projekten und stehen unterstützend zur Seite.

TIPP Aber auch so mancher Privatwaldbesitzer stellt seinen Wald gerne zur Verfügung. Kommunale Stadtwälder bieten auch oft entsprechende Standorte. Es ist wichtig, sich rechtlich gut abzusichern. Ein schriftlicher Nutzungs- oder Gestattungsvertrag bildet die Grundlage.

Nun gilt es zu überlegen, was den Kindern als Unterkunft dienen soll. Häufig ist in Waldkindergärten mittlerweile auch eine richtige Waldhütte zu finden. Wir entscheiden uns für einen Bauwagen und informieren uns über die entsprechenden Genehmigungsverfahren. Für beide Unterkunftsmöglichkeiten muss in unserem Fall ein Bauantrag gestellt werden.

TIPP Es gilt zu berücksichtigen, dass die Bestimmungen zur Errichtung von Bauten von Bundesland zu Bundesland unterschiedlich sind. Wenn Sie eine Feuerstelle errichten möchten, fügen Sie einen entsprechenden Antrag bei. Auch hier variieren die Vorschriften. Setzen Sie sich rechtzeitig mit dieser Thematik auseinander.

Jetzt machen wir uns auf die Suche nach einer festen Unterkunft als Notunterkunft für extreme Wetterlagen. Wir werden an unserem ausgewählten Standort sehr gut aufgenommen und man stellt uns bereitwillig ein Vereinsheim zur Nutzung zur Verfügung.

TIPP Auch hier gelten landesweit unterschiedliche Vorgaben. Nachdem Sie die nötigen Informationen eingeholt haben, scheuen Sie sich nicht, auf die Gemeinden zuzugehen. Vereinsräume oder auch ein Raum in einer nahen Kita werden meist gern zur Verfügung gestellt.

Ein wichtiger Aspekt steht als nächstes auf der Gründungsagenda. Die Kinder brauchen ein Wald-WC. Eine ganz natürliche Waldtoilette ist unsere Wahl. Aus Brettern bauen wir ein kleines Häuschen mit einer Schwingtüre und schaffen so eine Intimsphäre für die Kinder. Im Inneren befindet sich eine Sitzgelegenheit mit einem richtigen Toilettendeckel. Auf ein „großes Geschäft" streuen die Kinder Sägespäne aus einer eingebauten Kiste. Diese dienen dem Verrottungsprozess. Toilettenpapier in einem Behälter, um es auch bei feuchter Witterung gut trocken zu halten, und ein Kleiderhaken finden ebenso ihren Platz am „stillen Örtchen".

TIPP Häufig wird eine Komposttoilette gewählt, es lohnt sich aber, ein bisschen zu recherchieren und Erfahrungen aus der Praxis einzuholen. Ein Hygieneplan dient als Grundlage und berücksichtigt die jeweiligen Vorschriften. Nehmen Sie mit der zuständigen Gesundheitsbehörde Kontakt auf und erkundigen Sie sich nach den notwendigen Bedingungen, um letztendlich eine Genehmigung für eine entsprechende Waldtoilette zu erhalten.

Nun tritt die Personalfrage in den Vordergrund. Ein Waldkindergarten beschäftigt mindestens zwei Fachkräfte, meist Erzieher*innen. Es ist auch wichtig, an Aushilfspersonal bei Ausfall wegen Krankheit, Urlaub oder Fortbildungen zu denken. Unsere Einrichtung beschäftigt zu Beginn, dem Betreuungsbedarf angepasst, zwei Erzieherinnen. Außerdem sind Eltern immer gerne bereit, uns zu unterstützen oder kurzzeitige Personalausfälle abzufangen. Hierzu ist eine Genehmigung von behördlicher Seite erforderlich und wird auch meist erteilt.

TIPP Zusatzqualifikationen für Waldkindergartenpersonal sind nicht zwingend erforderlich. Leidenschaft, eine riesige Portion Neugierde, Spaß, Fantasie und Kreativität sind erfolgversprechend.

Jede Einrichtung braucht eine aussagekräftige und aktuelle Konzeption, auch ein Waldkindergarten. Und so gehen wir die nächste Hürde an. Das neue Team setzt seine Leitidee um und schafft sich so eine gemeinsame und verbindliche Arbeitsgrundlage. Den interessierten Eltern können wir damit eine Orientierungshilfe an die Hand geben.

TIPP Eine Konzeption ist für die Erteilung der Betriebserlaubnis erforderlich. In Bayern ist der Landesverband für Natur- und Waldkindergärten ein sehr kompetenter Ansprechpartner (Auch für alle anderen Punkte rund um die Gründung und Finanzierung.). In anderen Bundesländern finden sich ebenfalls Adressen, die mit Rat und Tat zur Seite stehen. Konzeptionell sind auch die Jugendämter gute Anlaufstellen. Hier können Sie alle notwendigen Informationen zu Betreuungszeiten, Gruppenstärken und dem Alter der Kinder bei Aufnahme einholen.

Alle erforderlichen Genehmigungen sind beantragt oder bereits eingeholt. Das Waldgrundstück wird gedanklich bereits mit Leben gefüllt. Die Konzeption ist fertiggestellt. Das Personal steht in den Startlöchern und über die ersten Anmeldungen können wir uns auch schon freuen. Nun warten wir auf die wichtigste Post: Die Erlaubnis, einen Waldkindergarten zu betreiben.

TIPP Die Jugendämter erteilen die Betriebserlaubnis. Sie helfen und unterstützen bei den erforderlichen Genehmigungen und stehen beratend zur Seite.

Eine Einrichtung zu betreiben, erfordert gute buchhalterische Kenntnisse. Manchmal findet sich in der Elternschaft eine geeignete Person. Unser Verein hat sich entschieden, eine externe Kraft für die Buchhaltung anzustellen.

TIPP In einer Kommune übernehmen Fachkräfte die Buchhaltung, und auch ein Verein kann sich durchaus ausgebildetes Personal für die Geschäftsführung zu Hilfe holen. Dies sorgt für einen reibungslosen Ablauf und für die nötige Sicherheit auf finanzieller Ebene.

Mit der Erteilung der Betriebserlaubnis, mit der Genehmigung zur Errichtung eines Bauwagens, mit der Erlaubnis für die Betreibung einer Feuerstelle, die beim Amt für Ernährung und Forsten erteilt wird, kann unser Waldkindergarten dann seinen Betrieb aufnehmen.

Jeden Morgen kommen nun die Kinder in ihren bunten Waldjacken und den Rucksäcken auf dem Rücken in den Wald. Gut gelaunt ziehen sie mit dem Bollerwagen los, um zusammen zu lachen, zu spielen und zu lernen.

Bei einem vereinsgeführten Waldkindergarten macht es Sinn, von Beginn an die notwendigen Ämter im Blick zu haben, um dafür geeignete Personen zu finden. Auf den Vorstand kommt die größte Verantwortung zu. Organisation, Management, Einblicke und Kenntnisse in die verschiedenen Prozesse sind nur ein Teil der Aufgaben. Die Stellvertretung dieses Postens unterstützt aktiv. Die Kasse des Vereins kann von jeder engagierten Person geführt werden, und mit einer motivierten und aktiven Einarbeitung lässt sich diese Aufgabe gut meistern. Ein wichtiger Bereich ist die Presse- und Öffentlichkeitsarbeit. Sie kann die Erstellung und Betreuung einer Homepage ebenso beinhalten wie die Pflege sozialer Medien.

Die Geschäftsführung und die Finanzierung eines Waldkindergartens sind sehr anspruchsvoll. Häufig finden sich unter den Vereinsmitgliedern aber auch Personen, die sich mit ihren beruflichen Erfahrungen gerne in diesem Bereich einbringen.

Die Gründung unseres Waldkindergartens war mit sehr viel Schreib- und Bürokratieaufwand verbunden. Alle gemeinsam haben diese Zeit mit gegenseitiger Unterstützung, Wertschätzung und Rücksichtnahme gemeistert. Unser Projekt war trotz des notwendigen und enormen Aufwandes unumstritten lohnenswert für alle Gründungsmitglieder, für die Waldfamilien, für uns Erzieherinnen, und vor allem für die Kinder.

TIPP Eine sehr gute Anlaufstelle in Bayern ist der Landesverband Wald- und Naturkindergärten in Bayern e.V.
www.lv-waldkindergarten-bayern.de
Er berät bei Neugründungen und hat eigens für diesen Zweck ein umfangreiches Starterpaket entworfen, in dem sich Antworten auf sämtliche Fragen finden. Bestehende Waldkindergärten werden wunderbar betreut und informiert. Regionalgruppen, die regelmäßige Treffen in Waldkindergärten organisieren, werden zum Austausch und zur Weiterbildung genutzt. Die jährlich stattfindende Tagung in Landshut bietet einen riesigen Pool an Fortbildungen zu den unterschiedlichsten Themen aus der Theorie und der Praxis für Wald- und Naturraumpädagogik.

Auch in anderen Bundesländern finden sich vergleichbare Verbände, z. B.:

- Bundesverband der Natur- und Waldkindergärten
- www.bvnw.de
- Landesverband der Natur- und Waldkindergärten Hessen
- www.waldkindergarten-hessen.de
- Landesverband der Wald- und Naturkindergärten NRW e. V.
- www.waldkindergaerten-nrw.de
- Wald- und Naturkindergärten Landesverband BW e.V. www.wald-kindergartenlandesverband.de

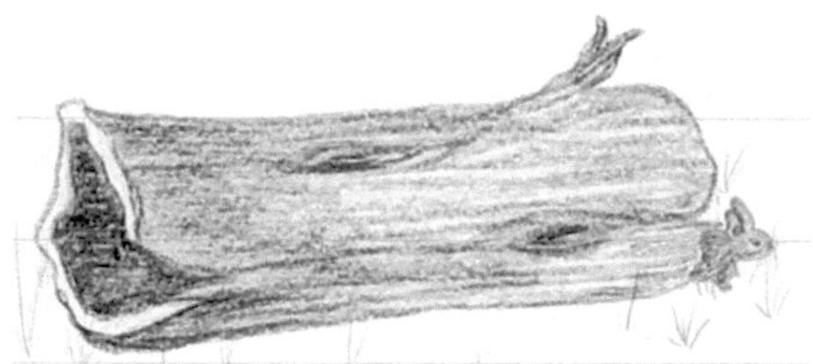

8 Spielideen

Ein kleiner Spieleschatz für Wald- und Naturkinder

Kim-Spiel

Jeder sucht sich einen Gegenstand, der auf einem hellen Tuch abgelegt wird. Immer ein „Schatz" wird entfernt – und alle schauen genau, welcher denn nun fehlt.

Mein Baum

Ein Kind schließt die Augen und vertraut einem anderen, das ihn sicher zu einem Baum führt. Dabei prägt man sich den Weg genau ein, ob man dann sehend wohl seinen Baum findet?

Ich packe meinen Waldrucksack
(Abwandlung vom bekannten „Kofferpacken")

Die Kinder überlegen bei diesem Spiel, was sie alles im Waldrucksack brauchen.

Zapfenweitwurf

Mit einem Stock wird Start und Ziel markiert und dann kann es auch schon losgehen.

Spuren lesen

Mithilfe von Waldschätzen werden z. B. Pfeile, Formen, Buchstaben auf dem Waldboden ausgelegt.

Waldmemory mit Waldschätzen

Die Kinder suchen jeweils zwei gleiche Waldschätze. Zwei Zapfen, zwei Stöckchen, zwei Rindenstücke und so weiter. Die Spielregeln sind mit denen des bekannten Memory-Spiels identisch.

Bäumchen, wechsel dich!

Jedes Kind sucht sich einen Baum, der mit einer Schnur gekennzeichnet wird. Auf das Kommando „Bäumchen, wechsel dich!" tauschen alle Kinder die Bäume. Der/die Spielleiter*in entfernt vor jeder neuen Runde eine Schnur. Somit bleibt immer ein Kind übrig und scheidet aus.

„Stille-Spiel"

Auf ein akustisches Signal hin sucht sich jedes Kind einen Baum. Beim zweiten Signal lässt es sich an diesem Baum nieder und wird ganz still. Es lauscht den Geräuschen im Wald. Beim dritten Signal kommen alle an den vorab vereinbarten Platz zurück und erzählen von ihren Erfahrungen.

Domino mit Naturmaterialien

Hierbei liegen bekanntlich immer zwei gleiche Gegenstände nebeneinander. Die Reihe kann beliebig lang fortgeführt werden, gerade auch, weil es im Wald eine Vielzahl von unterschiedlichen Dingen für dieses Spiel zu finden gibt.

Mensch, ärgere dich nicht!

Dazu wird ein Spielfeld auf eine große Holzplatte gemalt, wobei die Kinder wunderbar helfen können. Die Spielfiguren bilden Dinge, die sich im Wald finden. Das können vier Zapfen, vier Steine, vier Stöckchen oder auch vier kleine Holzschnitzel sein.

Ich sehe was, was du nicht siehst!

Es ist einfacher für die Kinder, wenn sie sich hierbei vorab für einen Themenbereich entscheiden. So liegt das Augenmerk einmal auf der Kleidung der Kinder, ein andermal vielleicht auf dem Rucksack. Unser Tipi haben wir immer ein bisschen geschmückt, und so bietet sich auch dieser Raum sehr gut für dieses Spiel an.

Mein rechter, rechter Platz ist frei!

Das Kind, das an der Reihe ist, spricht diesen Satz und wünscht sich ein anderes Kind an seine Seite. Dieses fragt dann, als was es auf den Platz kommen soll und führt die genannten Bewegungen aus. Hierbei kann für jede Spielrunde ein bestimmtes Thema festgelegt werden. Eine Runde endet, wenn alle Kinder einmal an der Reihe waren. Als mögliche Themen bieten sich Waldtiere, Bauernhoftiere, Musikinstrumente und vieles mehr an.

Tierpantomime

Ein Kind stellt sich in die Kreismitte und ahmt ohne Worte ein Tier nach. Wer es errät, ist als nächstes an der Reihe.

Büffeljagd

Die Gruppe überquert dabei in ihrer Vorstellung einen Bach, einen Baumstamm oder einen Sumpf. Lassen Sie Ihrer Fantasie freien Lauf und bauen Sie verschiedene Hindernisse in die Geschichte ein. So kommt der gesamte Bewegungsapparat sehr gut zum Einsatz und der Wald gibt hier viele gute Möglichkeiten vor. Am Höhepunkt entdecken die Kinder die Büffel und laufen davon. Nun geht der Hindernislauf in die entgegengesetzte Richtung bis zum Ausgangspunkt zurück. Ein Spiel mit hohem Spaßfaktor.

Gummistiefelwettrennen

Benötigt werden ein paar Gummistiefel. Es bilden sich zwei Gruppen, die gegeneinander spielen. Jede Gruppe hat die Aufgabe, ihren Gummistiefel mit Zapfen zu füllen, damit an einen Zielpunkt zu laufen, ihn zu entleeren und wieder zum Ausgangspunkt zurückzueilen. Dort wird der Gummistiefel an den/die nächste/n Mitspieler*in weitergereicht. Sieger ist die Gruppe, die als erster mit allen Kindern durch ist.

9 Rückblick – Einblick – Weitblick

Seit vielen Jahren schon bin ich von der Wald- und Naturraumpädagogik überzeugt. Ich konnte mittlerweile viele Waldkinder bis zur Schule begleiten, zahlreiche Waldfamilien unterstützen und eine Fülle an Erfahrungen sammeln.

Wenn ich die Kinder bei ihrem Spiel in der Natur beobachte, erlebe ich immer wieder, dass das Draußen-sein für sie eine wichtige Kraftquelle ist, und ein ebenso wichtiger wie wertvoller Entwicklungsraum. Sie erleben die Tiere und die Pflanzen im Wald oder auf der Wiese – Lebewesen, die man nicht einfach nehmen oder fallen lassen kann, die sich nicht einfach ein- oder ausschalten lassen, wie sie es vom mittlerweile stark digitalisierten Alltag her kennen.

Ihre unbeschwerte kindliche Fantasie wird durch das Spiel in der Natur am Leben erhalten, und die sinnliche Wahrnehmung lehrt sie, Vorsicht walten zu lassen, ohne Angst. Die Herausforderungen, die das Draußen-sein für die Kinder bereithält, sind von niemandem geplant, und sie selbst lernen beim Spiel ihre Grenzen kennen und richtig einzuschätzen. Ein Kind wird zumeist einen Baum nur so hoch hinaufklettern, wie es sich selbst zutraut. Es wird sich in der natürlichen Umgebung wohl und geborgen fühlen und von dem, was es als Kind erleben kann und darf, sein ganzes weiteres Leben profitieren.

Nicht selten finden Familien mit besonderen Kindern den Weg in einen Waldkindergarten – Eltern mit Kindern, die „anders" sind, die nicht der Norm entsprechen, nicht in das System zu passen scheinen. Meist sind dies Kinder, die voller Taten- und Bewegungsdrang stecken, voller Energie, voller Leben. Wer hat das Recht zu bestimmen, wie Kinder sein sollen – wie sie zu funktionieren haben? Wenn ein Kind eben keine Lust auf eine Ausmalaufgabe hat und stattdessen mit dem Stift über das Blatt schlittert, braucht es nicht immer gleich eine Ergotherapie, um die Feinmotorik zu verbessern. Jede noch so kleine Abweichung von der Norm wird pathologisiert, sprich: gedeutet. Wir dürfen das Kind dabei nicht aus dem Auge verlieren, seine Bedürfnisse, seine Fähigkeiten, seine Persönlichkeit.

Der Weg sollte das Ziel sein. Stellen Sie sich vor, Sie besteigen einen Berg und bleiben immer wieder stehen. Sie kommen nie oben an. All das, was Ihnen auf diesem Weg begegnet, sind Erfahrungen, Erkenntnisse und Wunder. Es ist Glück.

Lassen wir die Kinder so sein wie sie sind, neugierig, mutig und voller Tatendrang. Ein Waldkindergarten, eine Kindheit in der Natur, gibt ihnen Erinnerungen und Erfahrungen, die ein Leben lang halten, und wir können unseren Beitrag dazu leisten. Halten wir uns immer vor Augen, dass es bei Erziehung und Bildung nicht vorrangig darum geht Wissen zu vermitteln. Unser Auftrag ist es eher, eine kleine Flamme zu entfachen, die alleine weiterbrennen kann.

Ich möchte Sie alle zu diesem grünen Abenteuer ermutigen und mit einem Zitat von Alan Watts enden:

„Die Wurzel des Lebens ist Spielen."

Danke

Mit den wertvollen „Erfahrungen am Wegesrand“ füllt sich auch mein Schatzbeutel mehr und mehr. Der größte Schatz ist dabei meine Familie. Sie hat meine Vision Wirklichkeit werden lassen. Unzählige Stunden verbrachte sie mit mir im Wald, um dort einen geeigneten Spiel- und Abenteuerraum für einen Waldkindergarten zu schaffen, in dem Kinder glücklich wachsen können. Alle bürokratischen Hürden hat Sie gemeinsam mit mir gemeistert. Sie hat mir vertraut und an mich geglaubt. Von ganzem Herzen danke ich meinem Mann, der diese Einrichtung mit mir und für mich gegründet hat und in deren Leitung unterstützt. Ich konnte mir dadurch einen Lebenstraum verwirklichen. Meine Kinder sind es auch, die maßgeblich zum Gelingen dieses Buches beigetragen haben. Die wundervollen Zeichnungen habe ich ihnen zu verdanken, auch das Korrekturlesen. Und Freunde, die nicht müde wurden mich von diesem Projekt zu überzeugen. Wunderbare Kolleg*innen an meiner Seite, die mich auf meinem Weg durch das „Bildungs- und Lernabenteuer Natur“ begleitet haben und begleiten.

Jetzt, bei den Wurzelzwergen, unserem vereinsgeführten Waldkindergarten, darf ich mit einem Edelstein zusammenarbeiten, wertvoll und unbezahlbar. Ein Mensch, dem Kinder und Natur eine Herzensangelegenheit sind.

Ein Dankeschön an die Waldeltern, die mir ihr Vertrauen geschenkt haben und immer wieder schenken. All den Waldkindern möchte ich für ihre Inspirationen danken. Ihre Unbeschwertheit, ihre Liebe zur Natur, ihre Herzlichkeit, ihr Lachen und ihre unerschöpfliche Freude am Tun und Lernen geben mir immer wieder die Zuversicht, dass der Weg, den ich gegangen bin, richtig ist.

Literatur

Danks, Fiona/Schofield, Jo/Imgrund, Barbara (2012): *Das Buch vom Stock: Werken, Basteln und Spielen im Freien*. 3. Aufl., München: AT Verlag.

Franz, Margit (2021): *Hauptsache Wertebildung: Mit Kindern Werte erleben und entwickeln. Handbuch zur Werteerziehung in Kindergarten und Hort*. 2. Aufl., München: Don Bosco Medien.

Franz, Margit (2016): *Heute wieder nur gespielt – und dabei viel gelernt: Den Stellenwert des kindlichen Spiels überzeugend darstellen: Den Stellenwert des kindlichen Spiels überzeugend darstellen*. 1. Aufl., München: Don Bosco Medien.

Häfner, Peter (2008): *Natur- und Waldkindergärten in Deutschland: Eine Alternative zum Regelkindergarten in der vorschulischen Erziehung?* Saarbrücken: VDM Verlag Dr. Müller.

Hanck, Nicole (2018): *Mit allen Sinnen durch die Natur: Achtsamkeit und Konzentration im Vorschulbereich fördern*. 1. Aufl., Aachen: Ökotopia.

Kindel, Umada Manfred (o.J.): *Apuse!* (Nach mündlicher Überlieferung aus West-Papua von Ottis Simopiaref.) *In: Hinter uns die Berge*. Audio-CD. Aachen: Ökotopia.

Lenz, Stefan (2021): *Eine Kindheit im Waldkindergarten: Eine Entscheidungshilfe für Eltern und Kommunalpolitik*. Berlin: Hirnkost.

Miklitz, Ingrid (2021): *Der Waldkindergarten: Dimensionen eines pädagogischen Ansatzes*. Berlin: Cornelsen Scriptor.

Reindl, Sabine (2019): *Draußenkinder auf dem Weg zur Schule*. Klein & groß, H. 5/2019, S. 12–15.

Reindl, Sabine (2020): *Nur zum Spielen draußen? Bildungsbereich Natur*. Klein & groß, H. 6/2020, S. 34–35.

Reindl, Sabine (2021): *Wo Farn wächst wohnt die Waldfee. Die Natur als Lernort*. Klein & groß, H. 2–3/2021.

Renz-Polster, Herbert/Hüther, Gerald (2013): *Wie Kinder heute wachsen: Natur als Entwicklungsraum. Ein neuer Blick auf das kindliche Lernen, Fühlen und Denken*. 5. Aufl., Weinheim und Basel: Beltz.

Rosso, Del Silvana (2010): *Waldkindergarten: Ein pädagogisches Konzept mit Zukunft?* Hamburg: Diplomica.

Schmitz, Sybille (2020): *Kindliche Bedürfnisse als Mittelpunkt der Kita-Pädagogik: Mit praktischen Ideen für den Erziehungsalltag*. 2. Aufl., München: Don Bosco Medien.

Schwarzer, Alexandra (2021): *Schaukelfee & Klettermax: Seilspielgeräte im Wald für Kinder*. Deutschland: Pro Business.

Sozialordnung, Bayerisches Staatsministerium Für Arbeit Und/Staatsinstitut Für Frühpädagogik (2021): *Der Bayerische Bildungs- und Erziehungsplan für Kinder in Tageseinrichtungen bis zur Einschulung*, 2. Aufl., Weinheim und Basel: Beltz.

Timm, Adolf/Hurrelmann, Klaus (2015): *Stark in die Schule: Was Kinder vor der Einschulung brauchen. 9 Kompetenzen für den Schulerfolg*. Weinheim und Basel: Beltz.

Wolfram, Anke (2018): *Naturraumpädagogik in Theorie und Praxis: in Theorie und Praxis*. Freiburg: Herder.

Young, Jon/Haas, Ellen/McGown, Evan/Louv, Richard/Weber, Andreas/Meffert, Christine (2014): *Handbuch für Mentoren/Mit dem Coyote-Guide zu einer tieferen Verbindung zur Natur: Grundlagen der Wildnispädagogik*. Extertal: Biber-Verlag.

Kontakte

Folgende Adressen zu Informationen und Weiterbildungen im Bereich Natur- und Waldpädagogik sind nur ein kleiner Auszug aus unzähligen Organisationen, die mittlerweile in den verschiedenen Bundesländern zu finden sind:

Ressourcenwerkstatt Bamberg: www.ressourcenwerkstatt.de
Naturschule Freiburg: www.naturschule.de
Bundesverband der Natur- und Waldkindergärten in Deutschland: www.bvnw.de
Landesverband für Natur- und Waldkindergärten: www.lv-waldkindergarten-bayern.de

Beate Letschert-Grabbe
Das übersehene Kind
Wenn »Super!« zu wenig und Verwöhnen Vernachlässigen ist
2020, 260 Seiten, Hardcover
ISBN: 978-3-7799-6018-8
Auch als E-BOOK erhältlich

Die Autorin spricht mit Kindern einer 4. Klasse über Fragen der Erziehung und Pädagogik. Ausgangspunkt ist die Beobachtung, dass Kinder mit ihrem berechtigten Wunsch nach Beachtung, Zuwendung und Anerkennung oft übersehen werden. In den Gesprächen zeigt sich, wie differenziert die Kinder ihre Erfahrungen aus Elternhaus und Schule reflektieren und wie genau sie sagen können, was sie stärkt und ermutigt. Vieles, was für ihre Entwicklung wichtig ist, geht durch Verwöhnung und Vernachlässigung, durch die Hektik des Alltags und gängige Floskeln verloren. Das Buch orientiert sich an der Individualpsychologie Alfred Adlers und macht den Kerngedanken der Ermutigung zum Leitmotiv. Dabei bezieht die Autorin die Überlegungen der Schülerinnen und Schüler in ihre eigenen Reflexionen mit ein. Ein Schwerpunkt ist der Umgang mit Kindern, die durch destruktive Verhaltensweisen auffallen. In diesem Kontext spielt der Zusammenhang zwischen der Ermutigung der Kinder und der Ermutigung der Lehrkräfte eine zentrale Rolle.